| | |
|---|---|
| 발 행 일 | 2025년 02월 03일(1판 1쇄) |
| 개 정 일 | 2025년 08월 01일(1판 2쇄) |
| I S B N | 979-11-92695-59-4(13000) |
| 정 가 | 14,000원 |
| 집 필 | 이현숙 |
| 진 행 | 김진원 |
| 본문디자인 | 디자인앨리스 |
| 발 행 처 | ㈜아카데미소프트 |
| 발 행 인 | 유성천 |
| 주 소 | 경기도 파주시 정문로 588번길 24 |
| 홈 페 이 지 | www.aso.co.kr / www.asotup.co.kr |

이 책은 저작권법에 따라 보호를 받는 저작물이므로 무단 전재와 무단 복제를 금지하며, 이 책 내용의 전부 또는 일부를 이용하려면 반드시 ㈜아카데미소프트의 서면동의를 받아야 합니다.

 **OT** [꼬물이 미리보기] 이렇게 만들었어요.

 쉽고 간단한 한글 첫걸음 꼬물이 시리즈의 [한글 2022] 교재는 이렇게 만들었어요.

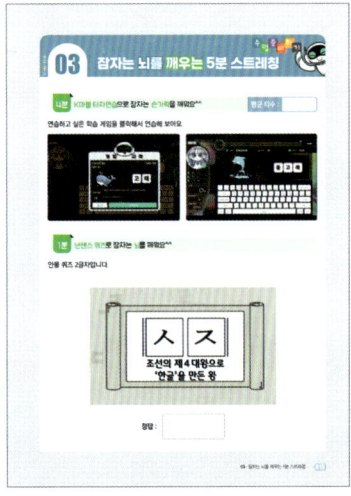

◀ **잠자는 뇌를 깨우는 5분 스트레칭**

- 수업 시작전 컴퓨터 교실에 오면 **K마블 프로그램으로 타자연습**을 시작합니다. K마블은 다양한 학습 게임으로 구성된 타자연습 프로그램입니다.
- 수업이 시작되면 간단한 **넌센스 퀴즈**로 잠자는 컴퓨팅 사고력의 뇌를 깨워봅니다. 선생님께서 답을 알려주시면 너무 쉬운데..

**미리보기와 캐릭터를 통한 핵심 키워드 설명 & 본문 따라하기** ▶

오늘 배울 내용과 작품을 먼저 미리보면서 어떤 것을 작성할지 확인합니다. 또한 캐릭터들의 대화를 보면서 핵심 키워드를 이해합니다. 선생님 설명과 함께 하나씩 따라하면 쉽게 작업할 수 있어요.

◀ **미션 뚝딱뚝딱으로 문제해결능력과 컴퓨팅 사고력 UP**

각 차시가 끝나면 앞에서 배운 내용으로 스스로 작품을 만들어 보고 문제해결능력을 증진합니다. 또한 타자 학습 게임으로 미션을 마무리합니다.

## 꼬물이 한글2022

### 4차시마다 평가_내 맘대로 해결사되기

일반적인 교제에는 8차시 또는 12차시마다 함축된 종합평가를 4차시마다 제공하여 이전 3차시에서 배운 내용을 스스로 해결함은 물론 내 맘대로 조건을 변경하여 사고력과 독창성을 발휘하도록 하였습니다. 또한 각 문제마다 해결할 수 있는 방법을 힌트 형태로 제공하여 쉽게 접근 할 수 있도록 하였습니다.

### ◀ 4차시마다 이렇게 만들어 보아요

각 문제마다 해결할 수 있는 방법을 힌트 형태로 제공하여 쉽게 접근할 수 있도록 하였습니다.

### MEMO 대신 컴퓨터 & 상식 만화 ▶

빈 페이지를 메모 페이지로 구성한 기존 교재와 달리 우리 친구들이 궁금해 하는 컴퓨터와 인공지능 등의 상식을 만화로 구성하여 제공합니다.

## 목차 CONTENTS

**007  01 차시**
탐정 지원서에 멋진 배경을 넣어보아요.

**013  02 차시**
탐정지원서 8문 8답
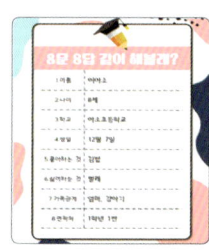

**019  03 차시**
탐정단 모집 포스터

**024  04 차시**
내 맘대로 해결사 되기!

**027  05 차시**
탐정 수칙 10가지는 뭘까?
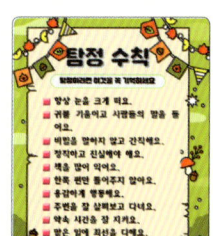

**033  06 차시**
탐정단 소개 포스터 만들기

**039  07 차시**
탐정단 축하 파티

**048  08 차시**
내 맘대로 해결사 되기!

**051  09 차시**
탐정 생활 계획표
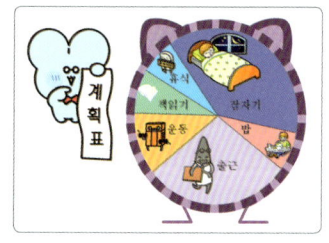

**059  10 차시**
인생네컷 촬영하기

**065  11 차시**
게임기 만들기

**072  12 차시**
내 맘대로 해결사 되기!

꼬물이 한글2022

**075**  13차시
탐정 수사 노트 만들기

**083**  14차시
고양이 탐정 선글라스

**089**  15차시
글로벌 탐정 되기
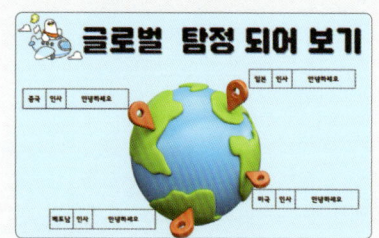

**096**  16차시
내 맘대로 해결사 되기!

**099**  17차시
용의자를 액자에 넣어서 추적하자

**105**  18차시
용의자 얼굴을 만들어 보아요

**113**  19차시
지문을 만들어요.

**120**  20차시
내 맘대로 해결사 되기!

**123**  21차시
암호를 만들어 보아요 Ⅰ

**129**  22차시
암호를 만들어 보아요 Ⅱ

**135**  23차시
암호를 해독해 보아요.

**142**  24차시
내 맘대로 해결사 되기!
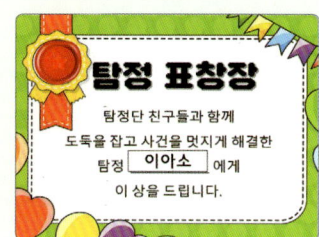

# CHAPTER 01 잠자는 뇌를 깨우는 5분 스트레칭

**4분** K마블 타자연습으로 잠자는 손가락을 깨워요^^    평균 타수 :

연습하고 싶은 학습 게임을 클릭해서 연습해 보아요.

**1분** 넌센스 퀴즈로 잠자는 뇌를 깨워요^^

잠겨있는 문을 열 수 있는 열쇠를 찾아요.

# CHAPTER 01 탐정 지원서에 멋진 배경을 넣어보아요.

**이런걸 배워요!**
- 페이지의 방향을 가로로 변경할 수 있어요.
- 쪽 테두리 배경에서 배경을 넣을 수 있어요.

■ 불러올 파일 : 없음   ■ 완성된 파일 : 탐정.hwpx

탐정 지원서가 멋진데? 배경에 멋진 그림이 들어있어~

아! 그건 쪽 테두리 배경을 이용해서 배경 그림을 넣은 거야.

## 01 페이지의 방향을 가로로 변경해 보아요

❶ [한글 2022] 실행 후 [새 문서]를 클릭해요.

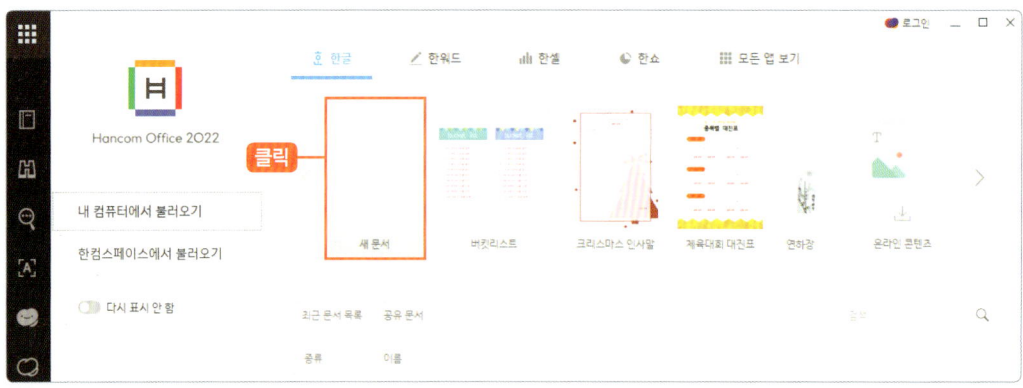

❷ [쪽] 탭-[가로]를 클릭하여 종이가 가로 방향으로 변경해요.

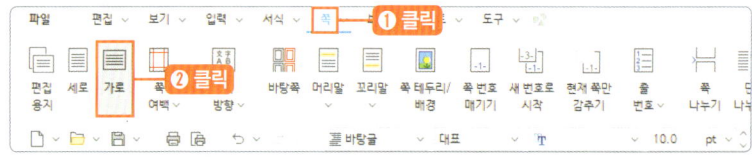

❸ 방향이 변경된 문서를 확인해요.

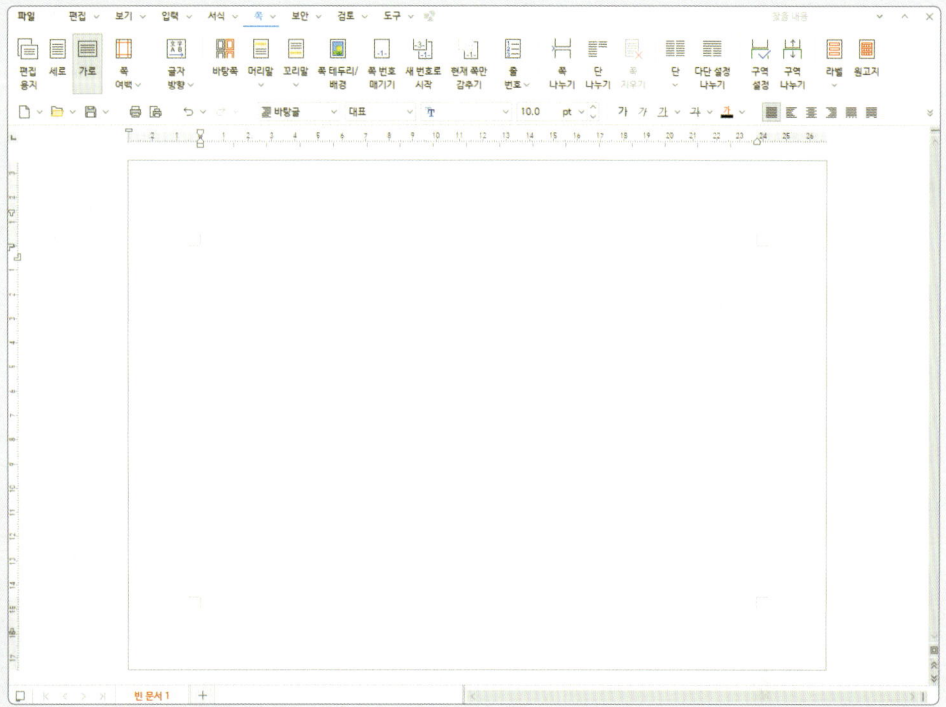

## 02 지원서에 배경을 넣어서 멋지게 꾸며보아요.

❶ [쪽] 탭-[쪽 테두리/배경]을 클릭해요.

❷ [쪽 테두리/배경] 대화상자에서 [배경] 탭을 클릭한 후, [그림]에 체크해요.

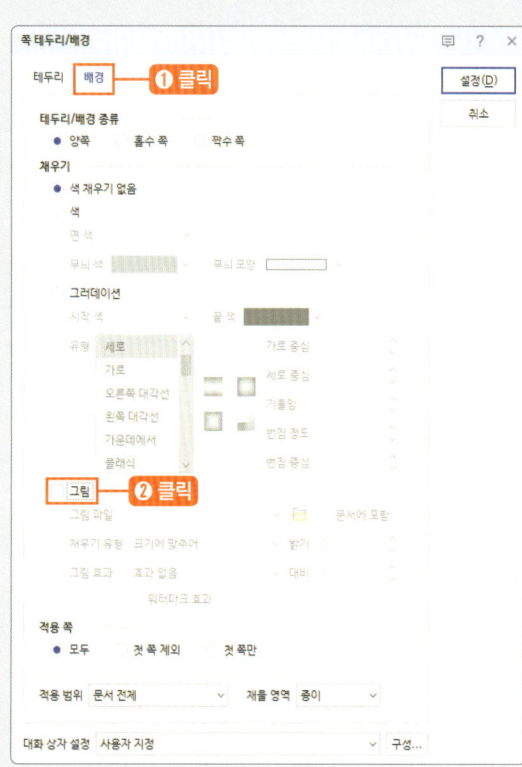

❸ [불러올 파일]-[CHAPTER 01]-'탐정지원서배경.jpg' 그림을 선택하고 <열기> 단추를 클릭해요.

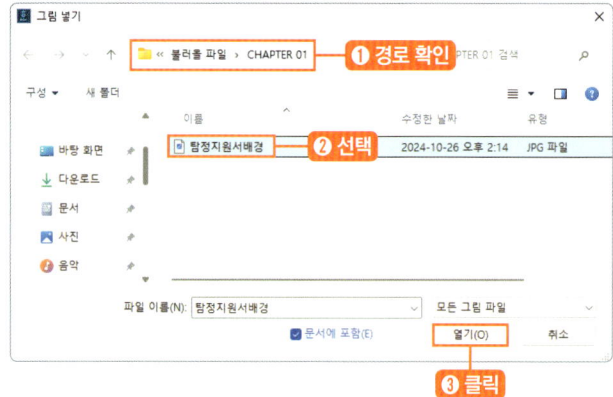

❹ 이어서, <설정> 단추를 클릭하고 변경된 배경 그림을 확인해요.

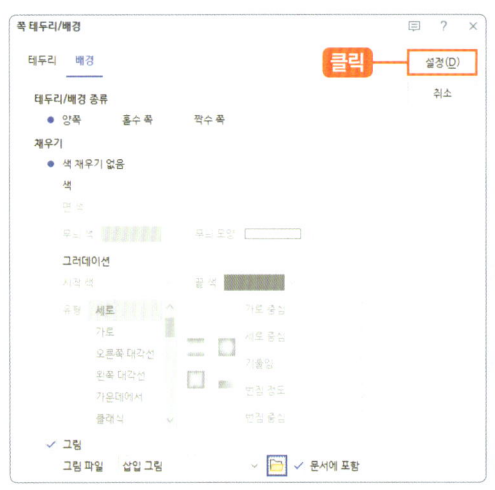 

## 03 내가 만든 작품을 저장해 보아요.

❶ 완성된 파일을 확인한 다음 [서식 도구상자]의 [저장하기] 아이콘을 클릭해요.

❷ [내 이름] 폴더에 '탐정'으로 입력하고 <저장> 단추를 클릭해요.

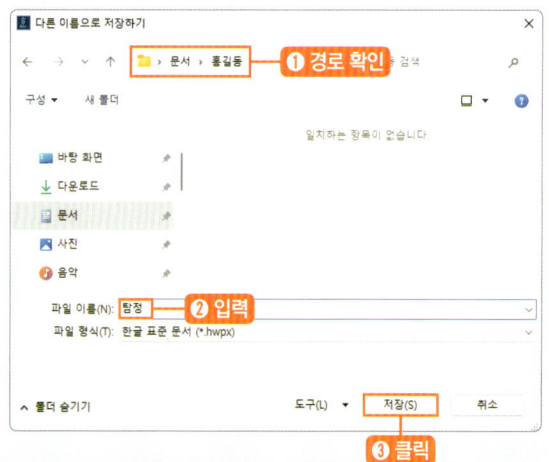

■ 불러올 파일 : 없음　■ 완성된 파일 : 탐정 배경(완성).hwpx

# 스스로 뚝딱뚝딱!

**01** 더 멋진 배경으로 스스로 변경해 보아요.

- [한글 2022] 실행 후, [새 문서]를 클릭해요.
- [쪽] 탭에서 가로 방향으로 변경해요.
- [쪽 테두리/배경]-[불러올 파일]-[CHAPTER 01]-'배경3.jpg'
- 저장 이름을 '탐정 배경(완성)'으로 입력해요.

**02** 학습 게임으로 타자 실력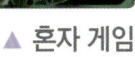

혼자하는 타자 게임 또는 친구들과 대전 게임으로 승부를 겨루어 보아요.

　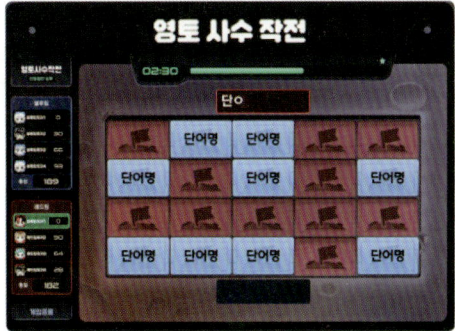

▲ 혼자 게임　　▲ 대전 게임

# 休 알아두면 좋은 컴퓨터 상식

# CHAPTER 02 잠자는 뇌를 깨우는 5분 스트레칭

### 4분  K마블 타자연습으로 잠자는 손가락을 깨워요^^    평균 타수 :

연습하고 싶은 학습 게임을 클릭해서 연습해 보아요.

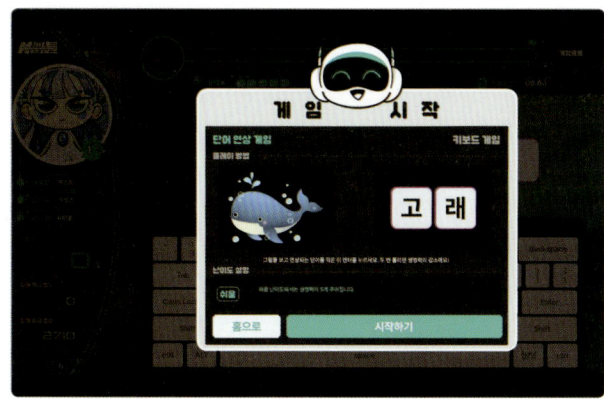  

### 1분  넌센스 퀴즈로 잠자는 뇌를 깨워요^^

편지를 들고 탈출하는 길을 그려보세요.

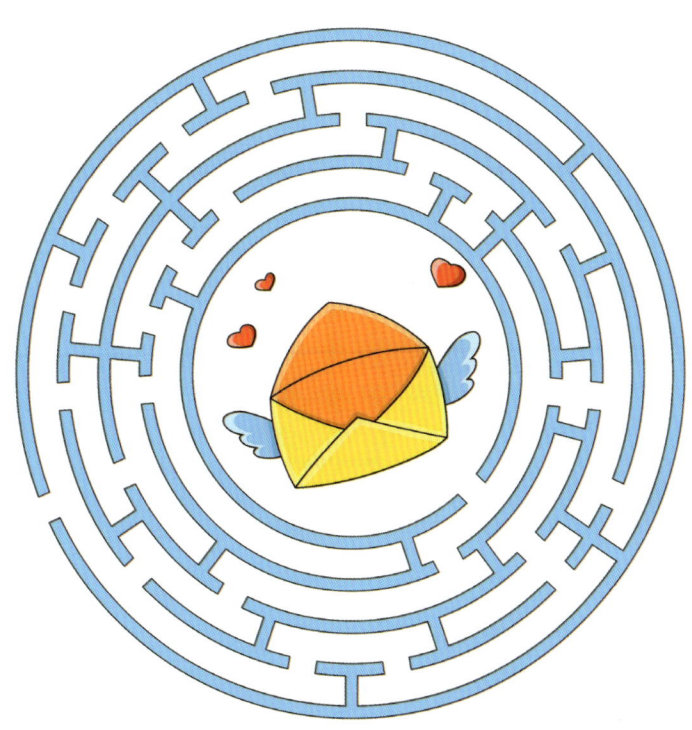

# CHAPTER 02 탐정지원서 8문 8답

**이런걸 배워요!**
- 글자를 입력해 보아요.
- 글자의 색상을 변경해 보아요.

■ 불러올 파일 : 탐정지원서 8문 8답.hwpx   ■ 완성된 파일 : 탐정지원서 8문 8답(완성).hwpx

탐정 지원서를 작성해 볼까. 어떻게 작성하면 되는거야?

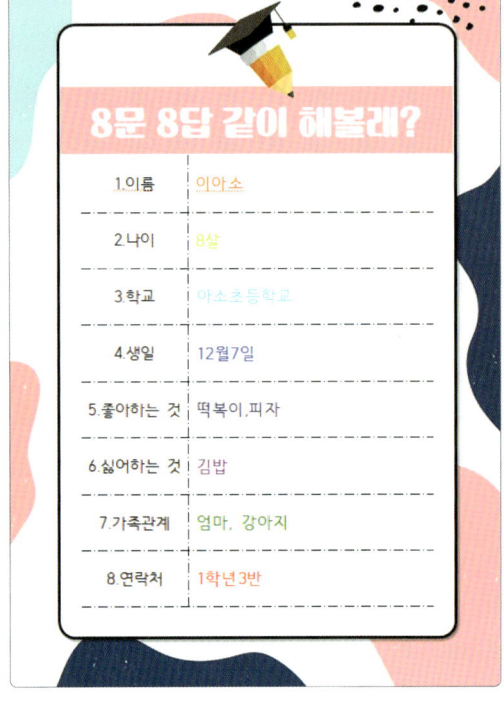

먼저 글자를 입력해 그런 다음에 글자 색을 바꿔서 멋지게 꾸며보면 어떨까?

## 01 파일을 불러와 보아요.

❶ 한글 2022 실행 후, [내 컴퓨터에서 불러오기]를 클릭해요.

❷ [불러올 파일]-[CHAPTER 02]-'탐정지원서 8문 8답.hwpx' 파일을 선택하고 <열기> 단추를 클릭해요.

**02** 나를 소개하는 8문 8답에 글씨를 입력해 보아요.

❶ 첫 번째 칸에 클릭하고 이름을 입력해요.

❷ 두 번째 칸에 클릭하고 나이를 입력해요.

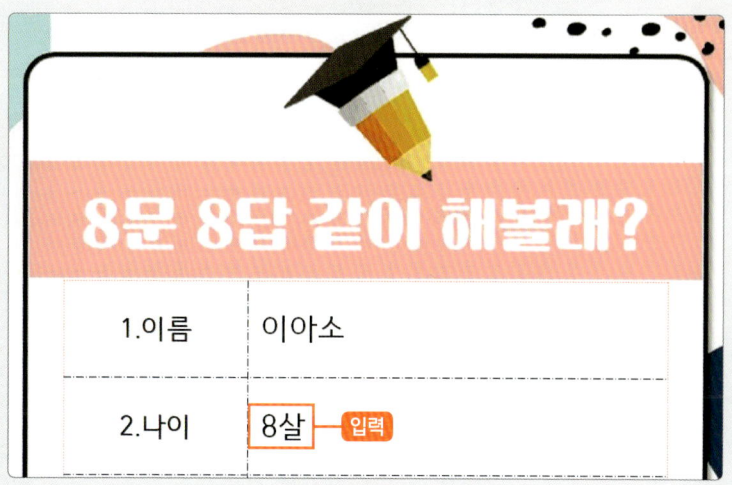

❸ 같은 방법으로 학교, 생일, 좋아하는 것, 싫어하는 것, 가족관계, 연락처를 입력해요.

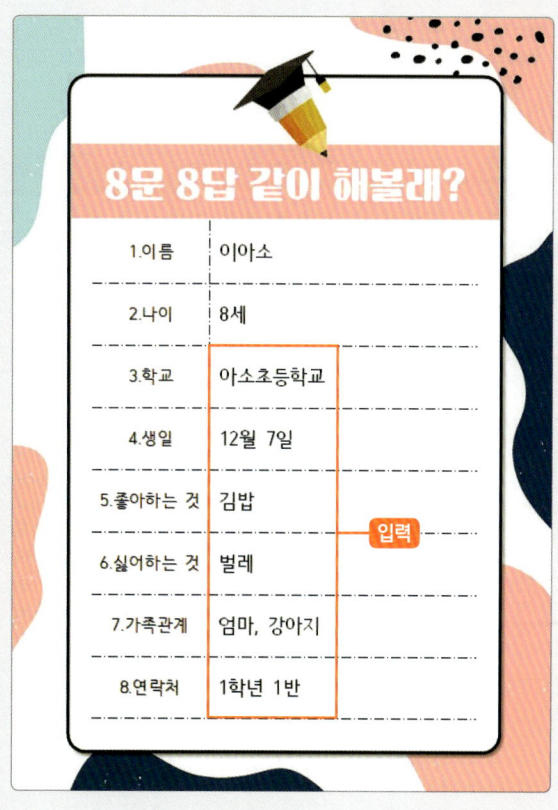

## 03 글자 색을 예쁘게 변경해 보아요.

① 나의 이름을 드래그해요.

② 서식 도구상자에서 [글자 색(가)]의 목록 단추(▽)를 클릭하고 '주황'을 클릭해요.

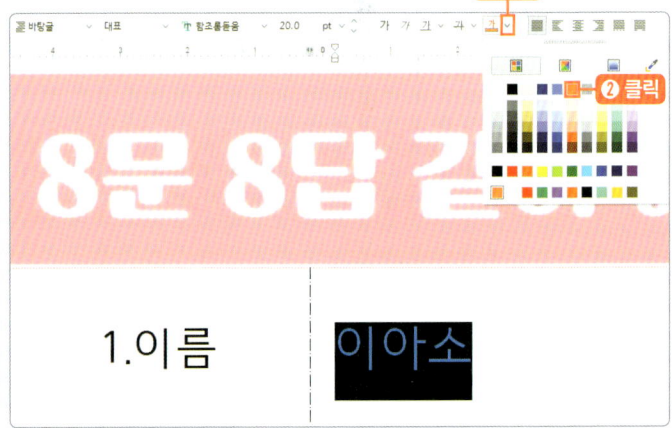

③ 같은 방법으로 나이, 학교, 생일, 좋아하는 것, 싫어하는 것, 가족관계, 연락처를 클릭하고 글자 색을 변경해요.

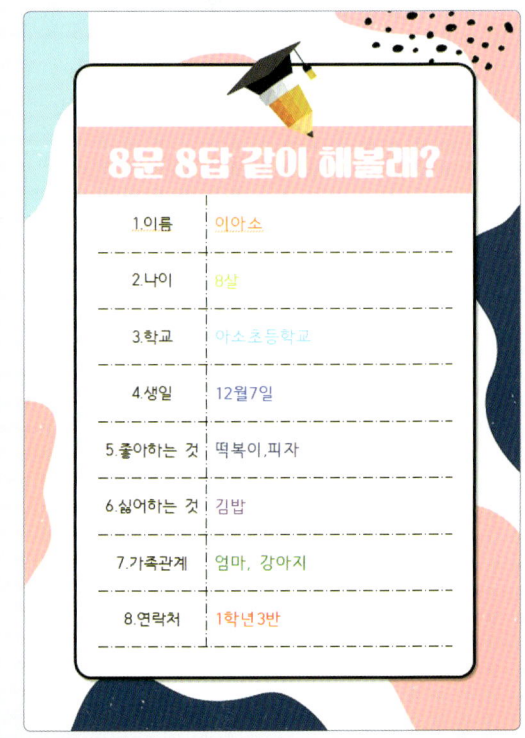

## 04 ▶ 내가 만든 작품을 저장해 보아요.

❶ 서식 도구상자에서 [저장하기 목록 단추(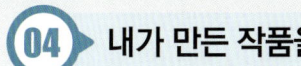)]-[다른 이름으로 저장하기]를 클릭해요.

❷ [내 이름] 폴더에 '탐정지원서 8문 8답(완성)'으로 입력하고 <저장> 단추를 클릭해요.

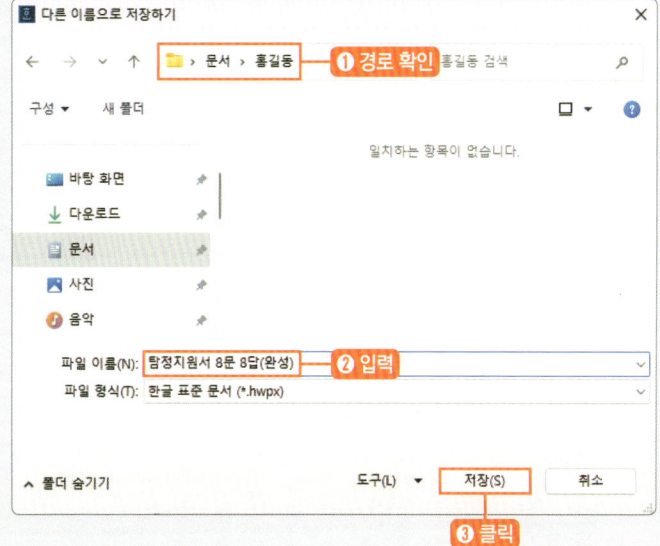

# CHAPTER 02 스스로 뚝딱뚝딱!

📁 불러올 파일 : 나를 소개해요.hwpx  📁 완성된 파일 : 나를 소개해요(완성).hwpx

**01** '나를 소개해요'를 완성해요.

- 나를 소개하는 글자를 입력해요.
- 글자 색을 변경해요.

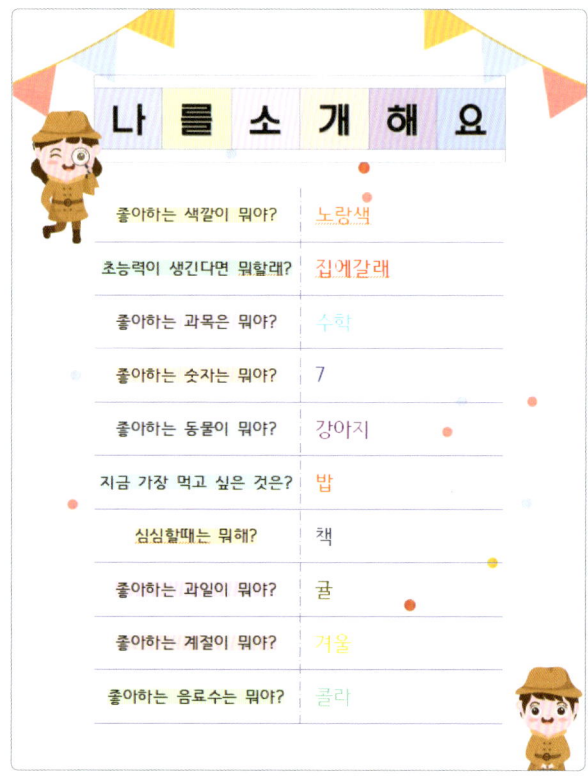

**02** 학습 게임으로 타자 실력 UP

혼자하는 타자 게임 또는 친구들과 대전 게임으로 승부를 겨루어 보아요.

▲ 혼자 게임

▲ 대전 게임

# CHAPTER 03 잠자는 뇌를 깨우는 5분 스트레칭

**4분** K마블 타자연습으로 잠자는 손가락을 깨워요^^   평균 타수:

연습하고 싶은 학습 게임을 클릭해서 연습해 보아요.

**1분** 넌센스 퀴즈로 잠자는 뇌를 깨워요^^

인물 퀴즈 2글자입니다.

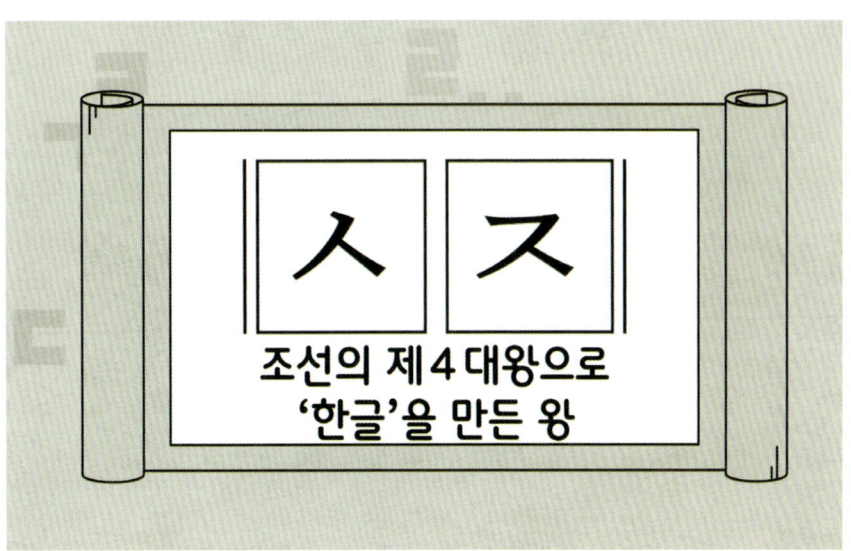

조선의 제4대 왕으로
'한글'을 만든 왕

정답:

# CHAPTER 03 탐정단 모집 포스터

**이런걸 배워요!**
- 글맵시로 포스터를 만들 수 있어요.
- 그림을 삽입해서 탐정단 모집 포스터를 꾸밀수 있어요.

📘 불러올 파일 : 탐정단 모집 포스터.hwpx   📗 완성된 파일 : 탐정단 모집 포스터(완성).hwpx

탐정단을 모집하는 포스터는 어떻게 만들면 좋을까?

글맵시를 이용해서 멋지게 제목 글씨를 넣어서 포스터를 완성해 보면 어떨까?

## 01 글맵시로 멋지게 만들어 보아요.

❶ 한글 2022 실행 후, [내 컴퓨터에서 불러오기]를 클릭해요.

❷ [불러올 파일]-[CHAPTER 03]-'탐정 모집 포스터.hwpx' 파일을 선택하고 <열기> 단추를 클릭해요.

❸ [입력] 탭-[글맵시]의 목록 상자( )를 클릭해요.

❹ 글맵시 목록이 열리면 '채우기-파란색 그러데이션, 역갈매기형 수장 모양'을 클릭해요.

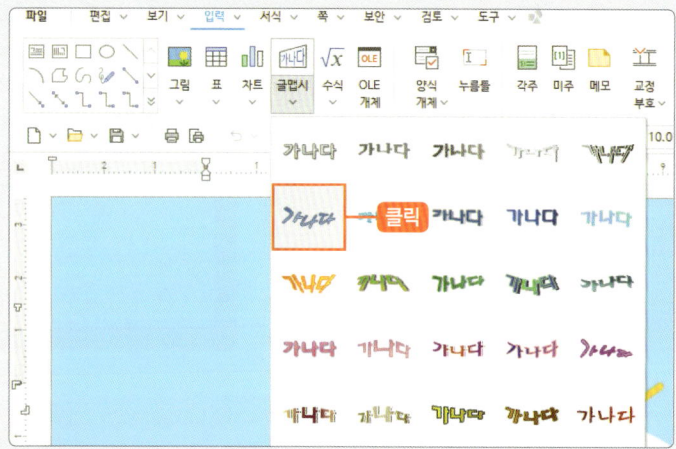

❺ [글맵시 만들기] 대화상자에서 '탐정단을' Enter 키를 누른 다음 '모집합니다'를 입력하고 <설정> 단추를 클릭해요.

❻ 글맵시의 크기를 변경하고 구름 모양 안쪽으로 위치를 변경해요.

## 02 탐정 물건들을 포스터에 넣어서 꾸며보아요.

❶ [입력] 탭-[그림( )]을 클릭해요.

❷ [불러올 파일]-[CHAPTER 03]-'가방'을 선택하고 <열기> 단추를 클릭해요.

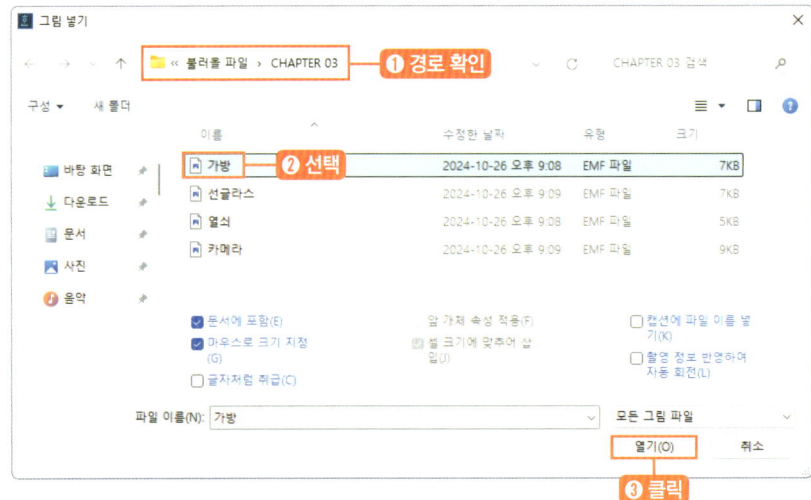

❸ 가방을 드래그하여 삽입해요.

❹ 선글라스, 열쇠, 카메라 그림들을 드래그하여 삽입하고 멋지게 포스터를 완성해요. 이어서, [내 이름] 폴더에 '탐정 모집 포스터(완성)'으로 입력하고 <저장> 단추를 클릭해요.

CHAPTER **03** 스스로 **뚝딱뚝딱!**

📁 불러올 파일 : 시험 합격 부적.hwpx   📁 완성된 파일 : 시험 합격 부적(완성).hwpx

문제해결능력

**01** 시험 합격 부적 만들어요.

- 글맵시 '나의 이름'을 입력해요.
- 글맵시 '시험 합격 부적' 입력해요.

**02** 학습 게임으로 타자 실력 UP

혼자하는 타자 게임 또는 친구들과 대전 게임으로 승부를 겨루어 보아요.

▲ 혼자 게임

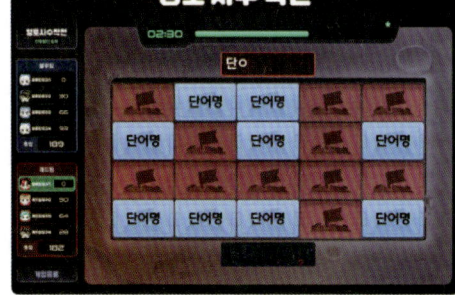
▲ 대전 게임

## CHAPTER 04 - 탐정 프로필 명함 만들기!

지난 세 개의 차시에서 배운 내용으로 스스로 해결해 볼까?

■ 불러올 파일 : 없음    ■ 완성된 파일 : 꾸러기 명탐정 명함(완성).hwpx

오늘은 지난 세 개의 차시에서 배운 내용으로 하나의 작품을 만들어 볼거에요. 오른쪽 페이지를 참고해서 스스로 해결해 보고 어려운 부분은 손을 들어주세요.

### 완성 작품

### 명함 구성

**명함 1**

**명함 2**

## ■ 이렇게 만들어 보아요. (아래 지시사항과 힌트를 보면서 스스로 해결해 보아요.)

### 01 내 맘대로 사고력으로 문제해결능력 UP

- [한글 2022] 실행 후, [새 문서]를 클릭해요.
- [쪽] 탭-[가로] : 가로 방향으로 용지를 변경해요.
- [쪽] 탭-[쪽 테두리/배경] 대화상자-[배경] : '명함배경1'~'명함배경5'중에 원하는 배경 그림을 삽입해요.
- [입력] 탭-[글맵시] : 원하는 채우기를 클릭하고 '이름'을 입력해요.
- [입력] 탭-[글맵시] : 원하는 채우기를 클릭하고 '생일'을 입력해요.
- [입력] 탭-[그림] : [불러올 파일]-[CHAPTER 04]-원하는 탐정 캐릭터를 삽입해요.

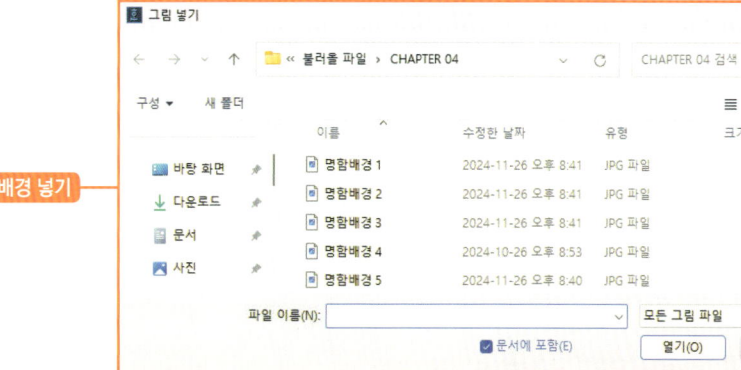

# 休 알아두면 좋은 컴퓨터 상식

# CHAPTER 05 잠자는 뇌를 깨우는 5분 스트레칭

### 4분 K마블 타자연습으로 잠자는 손가락을 깨워요^^

평균 타수 :

연습하고 싶은 학습 게임을 클릭해서 연습해 보아요.

### 1분 넌센스 퀴즈로 잠자는 뇌를 깨워요^^

점잇기를 해서 고양이를 완성해요.

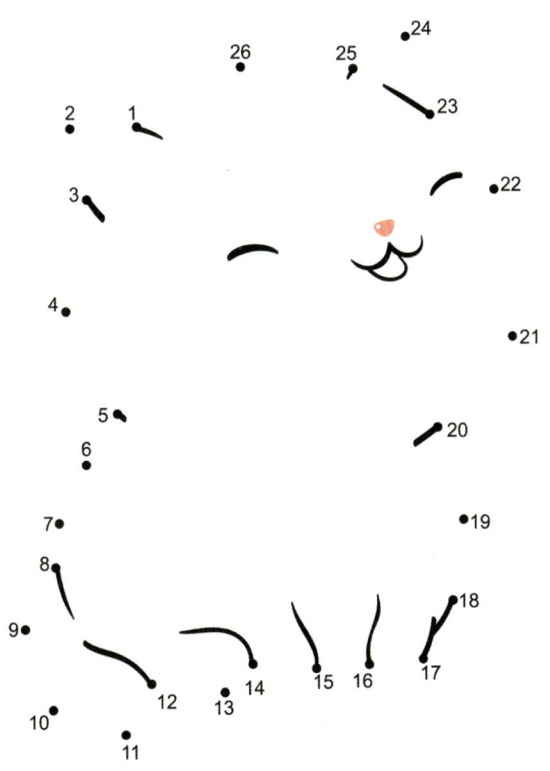

# CHAPTER 05 · 탐정 수칙 10가지는 뭘까?

**이런 걸 배워요!**
- 글자의 글꼴과 크기를 변경할 수 있어요.
- 그림 글머리표를 넣어서 예쁘게 완성할 수 있어요.

📘 불러올 파일 : 탐정 수칙.hwpx   📗 완성된 파일 : 탐정 수칙(완성).hwpx

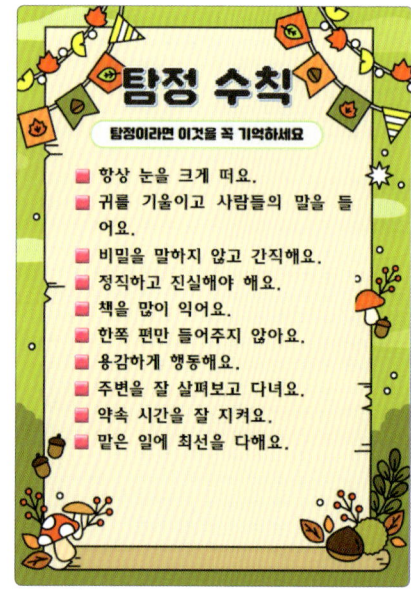

## 01 탐정 수칙 10가지를 입력해 보아요.

① 한글 2022 실행 후, [내 컴퓨터에서 불러오기]를 클릭해요.

② [불러올 파일]-[CHAPTER 05]-'탐정 수칙.hwpx' 파일을 열어요.

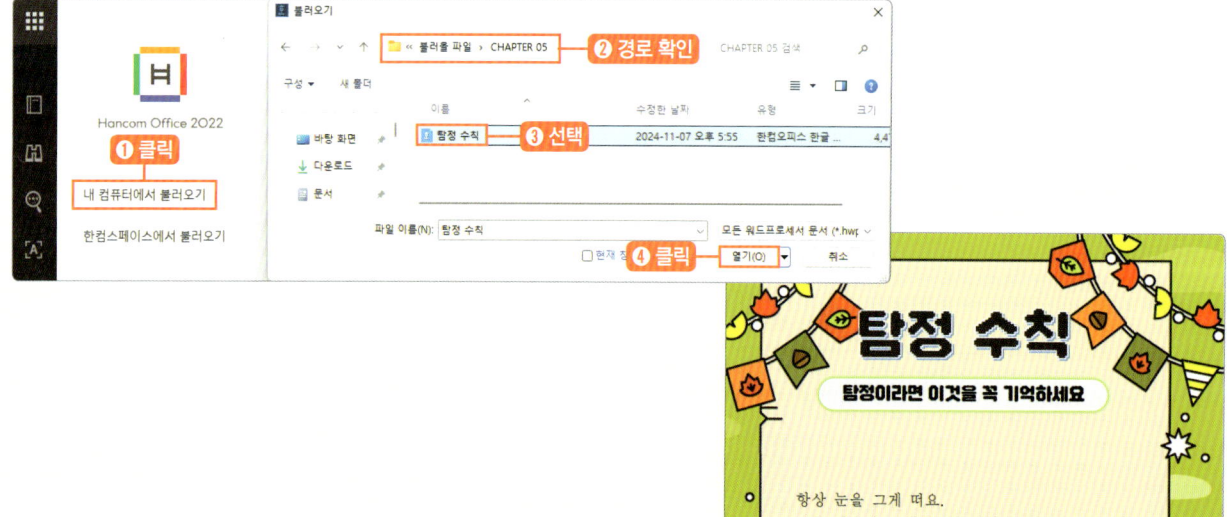

❸ 탐정 수칙 아래 입력된 글자중에 틀린 글자를 찾아서 고쳐 보아요.

```
항상 눈을 그게 떠요.              항상 눈을 크게 떠요.
귀를 기울이고 사남들의 말을 들어요.   귀를 기울이고 사람들의 말을 들어요.
비미을 말하지 않고 간직해요.        비밀을 말하지 않고 간직해요.
정직하고 진시해야 해요.            정직하고 진실해야 해요.
책을 많이 익어요.                책을 많이 읽어요.
한쪽 편만 들어주지 않아요.         한쪽 편만 들어주지 않아요.
용가하게 행동해요.               용감하게 행동해요.
주변을 잘 살펴보고 다녀요.         주변을 잘 살펴보고 다녀요.
약소시간을 잘 지켜요.            약속 시간을 잘 지켜요.
맡은 일에 최서을 다해요.          맡은 일에 최선을 다해요.
```

[힌트] 그게->크게, 사남들의->사람들의, 비미을->비밀을, 진시해야->진실해야 익어요.->읽어요., 용가하게->용감하게, 약소시간을->약속 시간을, 최서을->최선을

## 02 ▶ 글꼴을 변경하고 글자 크기를 크게 해보아요.

❶ 맨 마지막 글자 뒤에 커서를 위치하고 클릭해요.

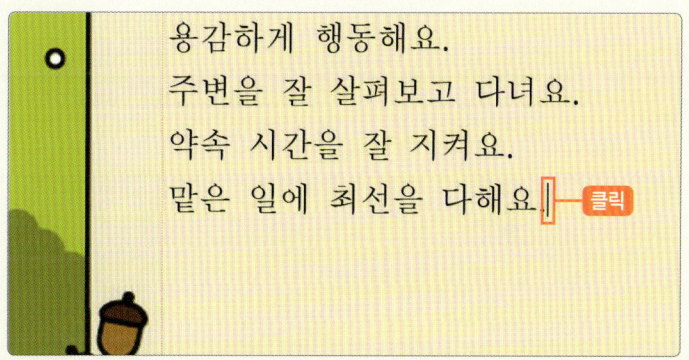

❷ 마지막 글자부터 맨 앞 글자까지 드래그 해요.

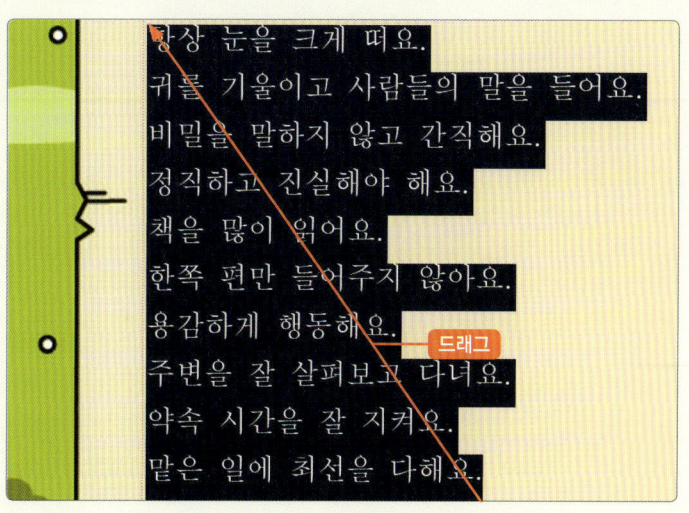

❸ 서식 도구상자에서 글꼴의 목록 단추(⌄)를 클릭하고 [모든 글꼴]-'한컴 소망 B'를 클릭해서 변경해요.

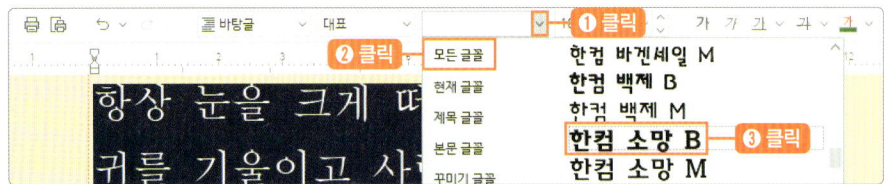

❹ 서식 도구상자의 글자 크기의 목록 단추(⌄)를 클릭하고 '24pt'를 클릭하여 변경해요.

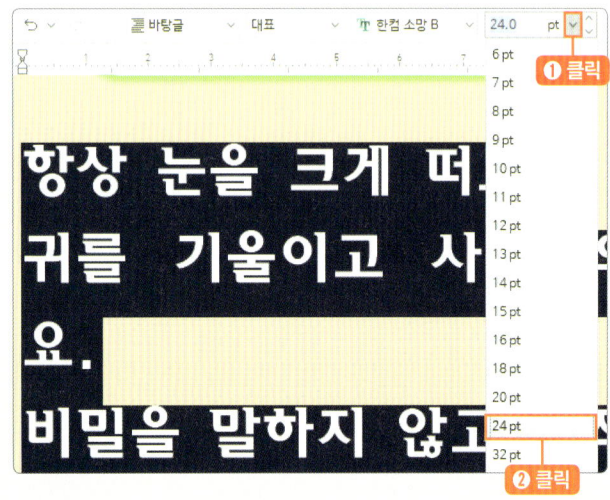

## 03 그림 글머리표를 삽입하고 10가지 수칙을 완성해 보아요.

❶ 10가지 수칙을 드래그한 다음 [서식] 탭의 그림 글머리표(≔)의 목록 단추(⌄)를 클릭해요.

❷ 그림 글머리표 목록이 열리면 원하는 그림 글머리표를 클릭해서 완성해요.

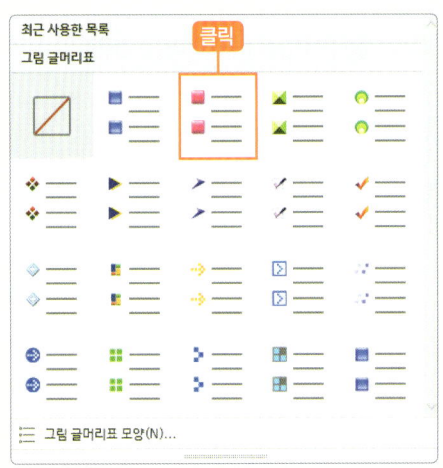
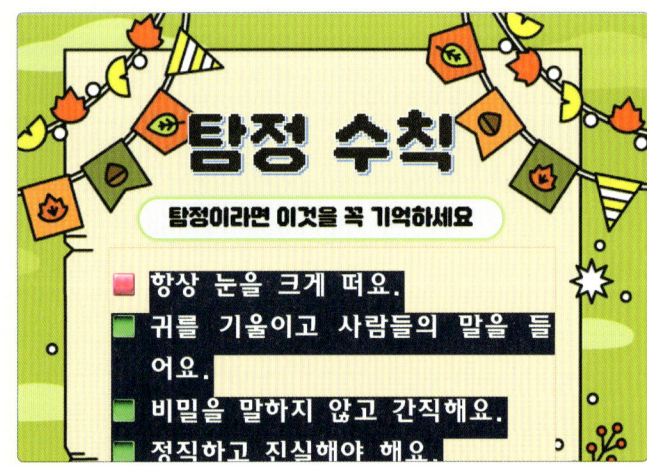

❸ 완성된 탐정 수칙을 확인하고 [내 이름] 폴더에 '탐정 수칙(완성)'으로 입력한 다음 <저장> 단추를 클릭해요.

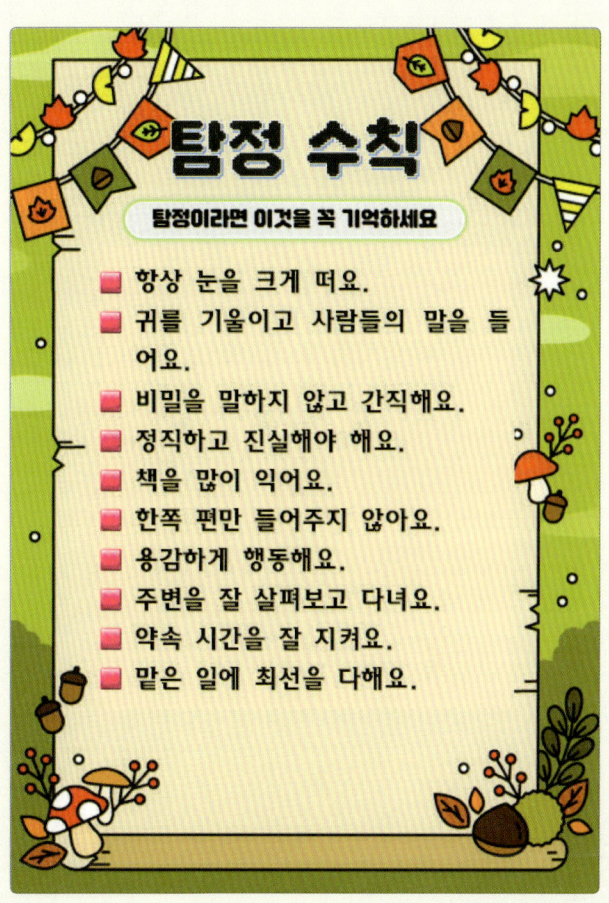

**CHAPTER 05** 스스로 뚝딱뚝딱!

■ 불러올 파일 : 자전거 안전 수칙.hwpx
■ 완성된 파일 : 자전거 안전 수칙(완성).hwpx

문제해결능력

### 01 자전거 안전 수칙을 만들어요.

- 글자 크기 : '32pt' 변경해요.
- 글자를 드래그하고 원하는 그림 글머리표를 넣어요.

### 02 학습 게임으로 타자 실력 UP

혼자하는 타자 게임 또는 친구들과 대전 게임으로 승부를 겨루어 보아요.

▲ 혼자 게임　　▲ 대전 게임

## 잠자는 뇌를 깨우는 5분 스트레칭

**4분** K마블 타자연습으로 잠자는 **손가락**을 깨워요^^     평균 타수:

연습하고 싶은 학습 게임을 클릭해서 연습해 보아요.

**1분** 넌센스 퀴즈로 잠자는 **뇌**를 깨워요^^

미로에서 탈출하면 어떤 색상의 구슬을 얻을까요?

정답

## CHAPTER 06 탐정단 소개 포스터 만들기

**이런걸 배워요!**
- 탐정단 그림을 삽입할 수 있어요.
- 탐정단 친구들을 소개하는 글을 적을 수 있어요.

📂 **불러올 파일** : 탐정단 친구들 소개하기.hwpx  📂 **완성된 파일** : 탐정단 친구들 소개하기(완성).hwpx

### 01  탐정단 친구들의 얼굴을 넣어요.

❶ 한글 2022 실행 후, [내 컴퓨터에서 불러오기]를 클릭해요.

❷ [불러올 파일]-[CHAPTER 06]-'탐정단 친구들 소개하기.hwpx' 파일을 열어요.

❸ [입력] 탭-[그림(🌼)]을 클릭해요.

❹ [그림 넣기] 대화상자에서 [불러올 파일]-[CHAPTER 06]-'탐정_강아지.png' 그림을 선택하고 <열기> 단추를 클릭해요.

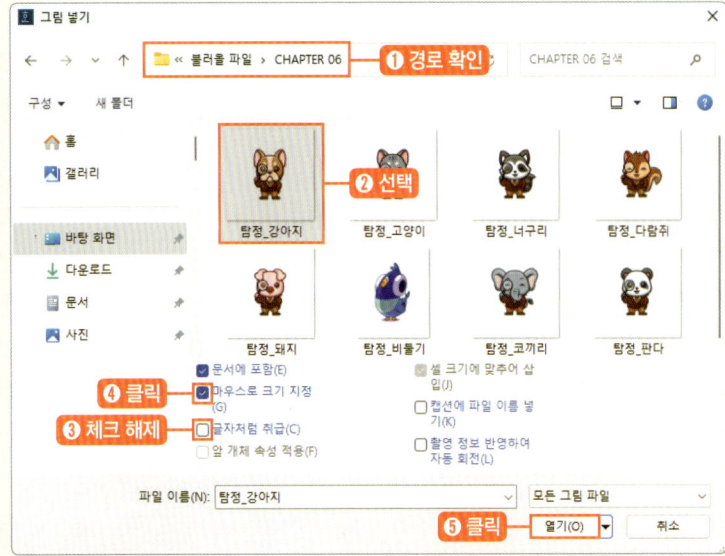

❺ 맨 왼쪽 위에 드래그하여 그림을 삽입해요.

❻ 같은 방법으로 [입력] 탭-[그림(🌼)]을 선택하고 [불러올 파일]-[CHAPTER 06]-'탐정_고양이.png', '탐정_비둘기.png', '탐정_다람쥐.png' 친구들을 차례대로 삽입해요.

**탐정단 친구들의 이름과 소개하는 글을 입력 보아요.**

❶ 강아지를 소개하는 말풍선 안쪽을 클릭한 후, '용맹스럽고 충성스러운 강아지탐정'을 입력해요.

❷ 입력한 글자를 드래그한 다음 글자 크기(14pt)를 변경해요.

❸ 같은 방법으로 말풍선을 고양이 탐정, 다람쥐 탐정, 비둘기 탐정을 소개하는 글을 입력해요.

❹ 완성된 탐정 친구들 소개하기를 확인하고 [내 이름] 폴더에 '탐정단 친구들 소개하기(완성)'으로 입력한 다음 <저장> 단추를 클릭해요.

- 불러올 파일 : 탐정 물건들을 소개해요.hwpx
- 완성된 파일 : 탐정 물건들을 소개해요(완성).hwpx

# CHAPTER 06 · 스스로 뚝딱뚝딱!

**01** 탐정 물건들을 소개해요.

- 말풍선에 물건의 이름을 입력해요.
- 글자의 크기를 20pt로 변경해요.

**02** 학습 게임으로 타자 실력 UP

혼자하는 타자 게임 또는 친구들과 대전 게임으로 승부를 겨루어 보아요.

▲ 혼자 게임

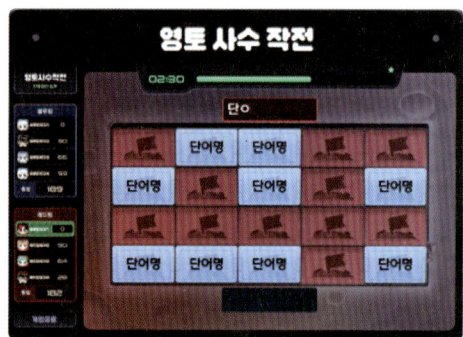

▲ 대전 게임

# CHAPTER 07 잠자는 뇌를 깨우는 5분 스트레칭

**4분** K마블 타자연습으로 잠자는 손가락을 깨워요^^  평균 타수 :

연습하고 싶은 학습 게임을 선택해서 연습해 보아요.

**1분** 넌센스 퀴즈로 잠자는 뇌를 깨워요^^

같은 모양의 택시는 어떤 그림일까요?

# CHAPTER 07 탐정단 축하 파티

**이런걸 배워요!**
- 글맵시 모양을 변경할 수 있어요.
- 그리기마당 음식을 다운받아서 사용할 수 있어요.
- 음식을 넣고 크기를 조절할 수 있어요.

📘 불러올 파일 : 탐정단 축하 파티.hwpx   📗 완성된 파일 : 탐정단 축하 파티(완성).hwpx

탐정단을 위한
축하 파티를 열려고 해.
너도 함께 할래?

맛있는 음식들이
엄청 많이 있네.
나도 함께 파티에
가고 싶어.

## 01 글맵시로 제목을 입력하고 모양도 변경해 보아요.

❶ 한글 2022 실행 후, [파일]-[불러오기] 단추를 클릭해요.

❷ [불러올 파일]-[CHAPTER 07]-'탐정단 축하 파티.hwpx' 파일을 열어요.

❸ [입력] 탭-[글맵시(🔳)]를 클릭하고 '탐정단 축하 파티'를 입력한 후, <설정> 단추를 클릭해요.

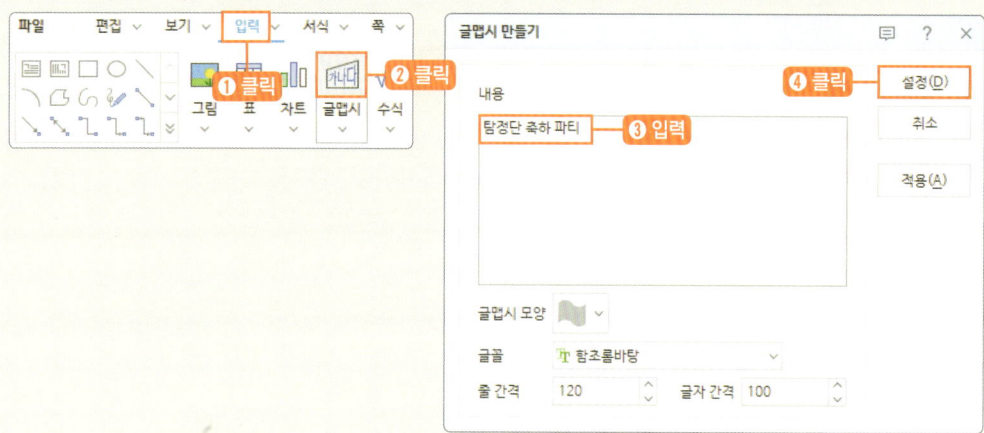

❹ 글맵시로 입력한 '탐정단 축하 파티'를 위치와 크기를 조정한 다음 [글맵시(🔳)]탭-[자세히(⌄)]를 클릭하고 '채우기-연한 자주색 그러데이션, 역위로 계단식 모양'으로 변경해요.

## 02 그리기마당에서 맛있는 음식을 다운받아요.

❶ [입력] 탭-[그림]의 목록 단추(∨)를 클릭하고 [그리기 마당]을 클릭해요.

❷ [그리기마당] 대화상자가 나오면 <클립아트 다운로드> 단추를 클릭해요.

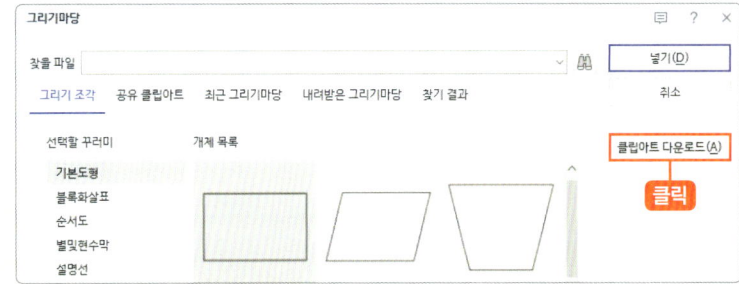

❸ 한컴 애셋 대회상자에 <필터( )> 단추를 클릭한 후, 음식을 클릭해요.

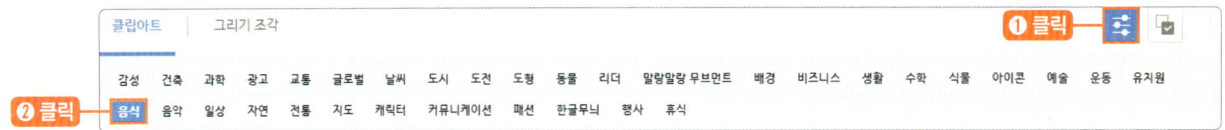

❹ 맨 아래 <다음(▶)>을 클릭하고 4번째 위치를 찾아가요.

❺ 파티에 필요한 음식을 <모두 클릭( )> 단추를 클릭해요. 이어서, <내려받기( )> 단추를 클릭해요.

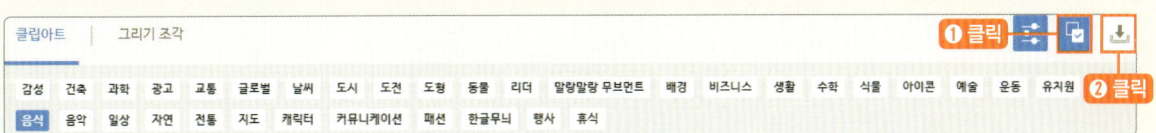

❻ '콘텐츠 내려받기중...'을 확인하고 내려받기 완료되면 <확인> 단추를 클릭해요.

❼ 같은 방법으로 맨 아래 <다음( )> 단추를 클릭하고 5번째 위치한 후, <모두 클릭( )> 단추를 클릭해요. 이어서, <내려받기( )> 단추를 클릭해요.

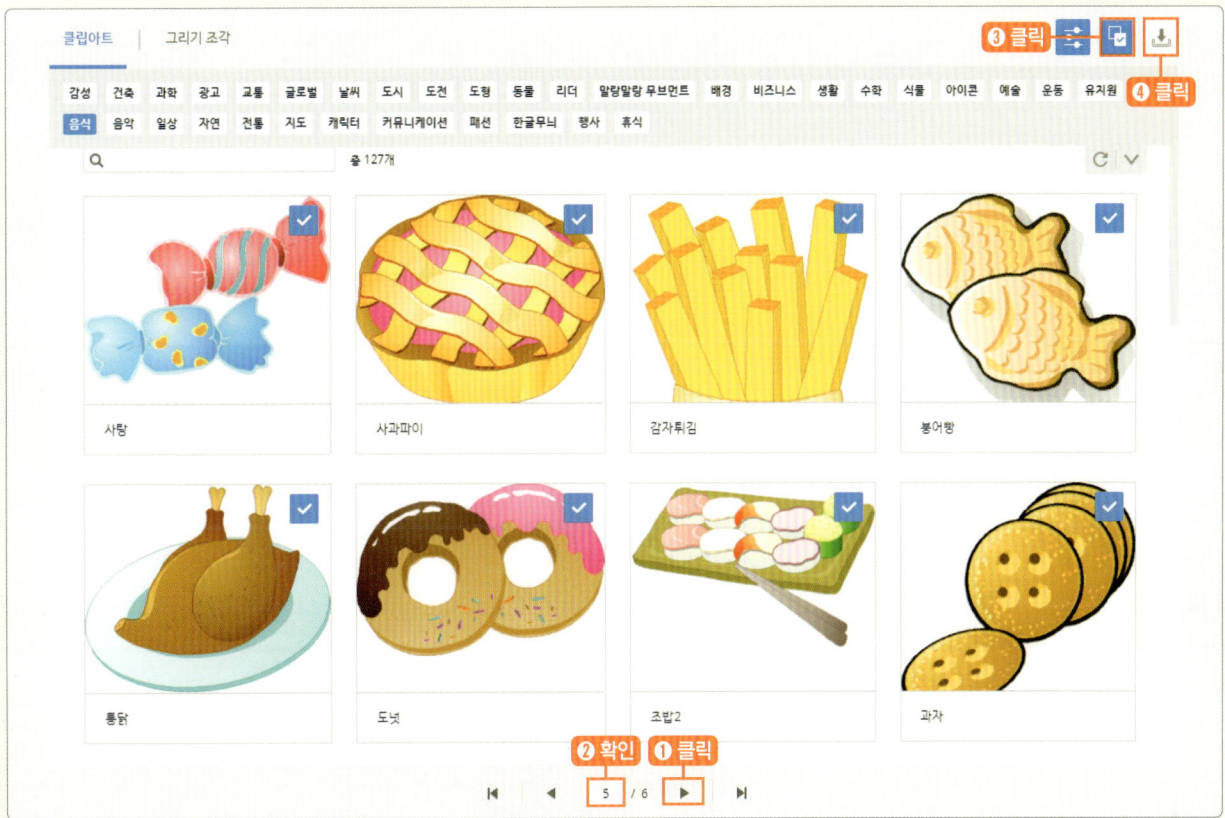

❽ 열려 있는 [한컴 에셋] 대화상자를 닫고 파티에 필요한 음식들이 공유클립아트 안에 내려받았는지 확인해요.

07 · 탐정단 축하 파티

## 03 파티 음식을 넣어서 파티 준비를 완성해요.

❶ [그리기 마당] 대화상자의 [공유클립아트] 중 '도넛'을 클릭하고 <넣기> 단추를 클릭해요.

❷ 도넛을 파티장의 접시위에 드래그하여 삽입해요.

❸ 같은 방법으로 [그리기 마당]대화상자의 [공유클립아트]에서 먹고싶은 음식을 클릭하고 파티장 접시위에 드래그하여 삽입해요.

❹ 완성된 탐정 축하 파티를 확인하고 [내 이름] 폴더에 '탐정단 축하 파티(완성)'으로 입력한 다음 <저장> 단추를 클릭해요.

# CHAPTER 07 스스로 뚝딱뚝딱!

■ 불러올 파일 : 건강한 음식으로 밥을 먹어요.hwpx
■ 완성된 파일 : 건강한 음식으로 밥을 먹어요(완성).hwpx

## 01 건강한 음식으로 밥을 먹어요.

- 그리기마당에서 음식을 내려받아요.
- 접시위에 그림을 올려놓아요.

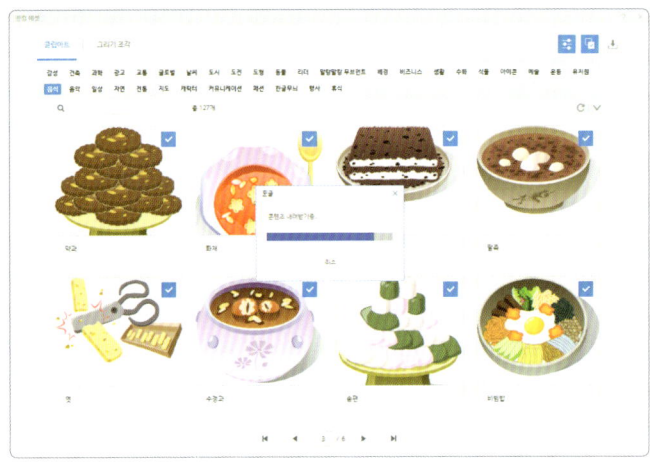

## 02 학습 게임으로 타자 실력 UP

혼자하는 타자 게임 또는 친구들과 대전 게임으로 승부를 겨루어 보아요.

▲ 혼자 게임

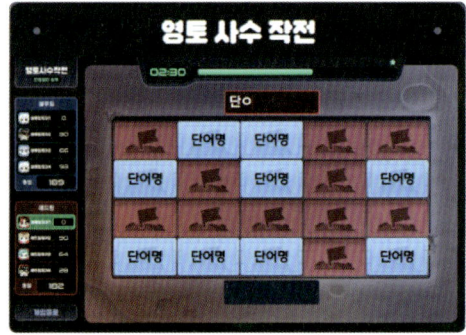
▲ 대전 게임

# 알아두면 좋은 컴퓨터 상식

# CHAPTER 08 - 탐정 페스티벌(축제) 포스터

지난 세 개의 차시에서 배운 내용으로 스스로 해결해 볼까?

■ 불러올 파일 : 탐정 축제 포스터.hwpx   ■ 완성된 파일 : 탐정 축제 포스터(완성).hwpx

 오늘은 지난 세 개의 차시에서 배운 내용으로 하나의 작품을 만들어 볼거에요. 오른쪽 페이지를 참고해서 스스로 해결해 보고 어려운 부분은 손을 들어주세요.

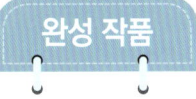

■ **이렇게 만들어 보아요.** (아래 지시사항과 힌트를 보면서 스스로 해결해 보아요.)

## 01 내 맘대로 사고력으로 문제해결능력 UP

- 파일 열기 : [불러올 파일]-[CHAPTER 08]-'탐정 축제 포스터.hwpx'를 열어요.
- [입력] 탭-[글맵시] : '진한 자주색 그라데이션, 연자주색 그림자, 위쪽 리본 사각형 모양' 채우기를 선택해요.
- 글맵시에 글자 입력하기 : '일시 : 8월 2일', '장소 : 아소 앞마당'을 입력하고 제목 아래 삽입해요.
- 글자 크기 변경하기 : 행사 내용을 '20pt'로 변경해요.
- [서식] 탭-[그림 글머리표]를 클릭하여 변경해요.
- [입력] 탭-[그림]-[그리기마당]에서 <클립아트 다운로드> 단추를 클릭하여 축제에 필요한 음식을 내려받아 음식을 삽입해요.
- [입력] 탭-[그림]-[불러올 파일]-[CHAPTER 08]-탐정단 친구 그림을 삽입해서 꾸며보아요.

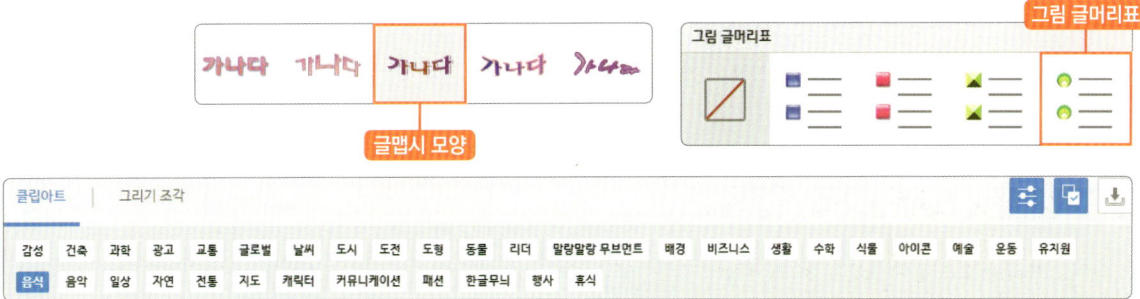

# 休 알아두면 좋은 컴퓨터 상식

# 잠자는 뇌를 깨우는 5분 스트레칭

**4분** K마블 타자연습으로 잠자는 손가락을 깨워요^^     평균 타수:

연습하고 싶은 학습 게임을 클릭해서 연습해 보아요.

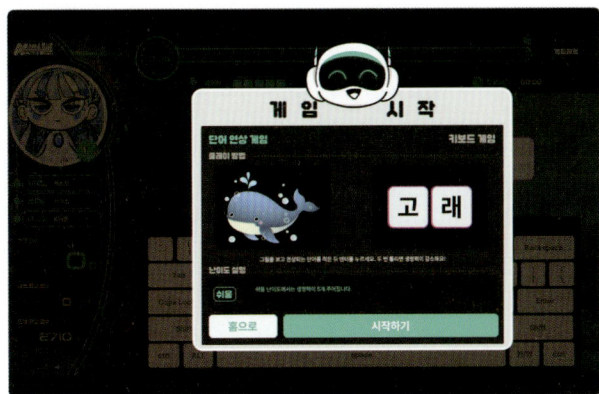

**1분** 넌센스 퀴즈로 잠자는 뇌를 깨워요^^

도넛의 개수를 세어서 적어보아요.

 _____      _____      _____

# CHAPTER 09 탐정 생활 계획표

**이런걸 배워요!**
- 도형의 직선으로 시간을 구분하는 선을 만들 수 있어요.
- 그리기 마당에 검색해서 원하는 그림을 찾아 내려받을 수 있어요.
- 글상자로 글자를 적어 넣을 수 있어요.

📁 **불러올 파일** : 탐정 생활 계획표.hwpx   📁 **완성된 파일** : 탐정 생활 계획표(완성).hwpx

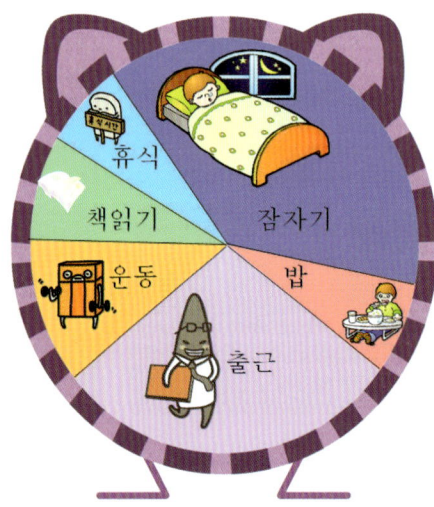

## 01 시간을 구분하는 선을 만들어요.

1. 한글 2022 실행 후, [내 컴퓨터에서 불러오기]를 클릭해요.

2. [불러올 파일]-[CHAPTER 09]-'탐정 생활 계획표.hwpx' 파일을 열어요.

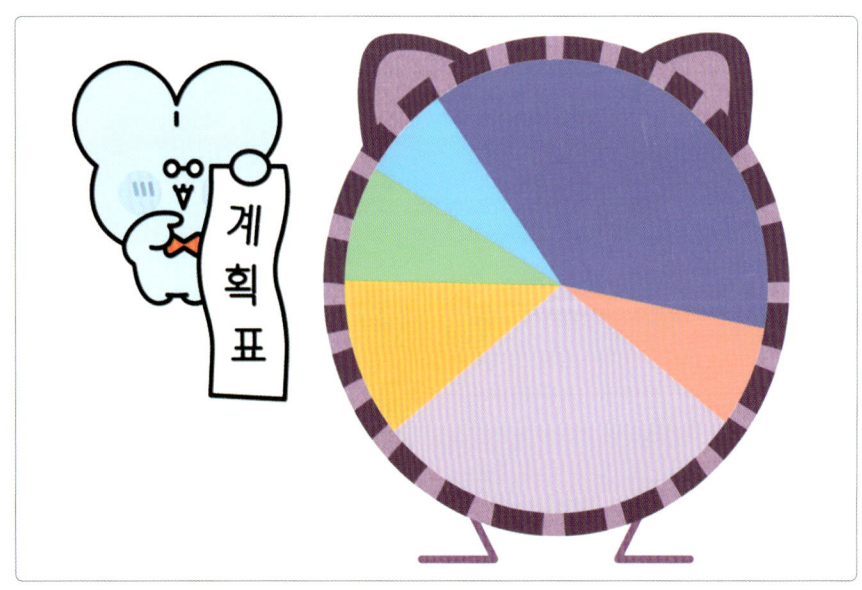

❸ [입력] 탭-'직선(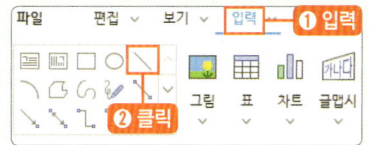)'을 선택한 후, 색상이 구분 되어있는 줄에 드래그해요.

❹ 같은 방법으로 반복하여서 시간을 구분하는 직선을 모두 그려요.

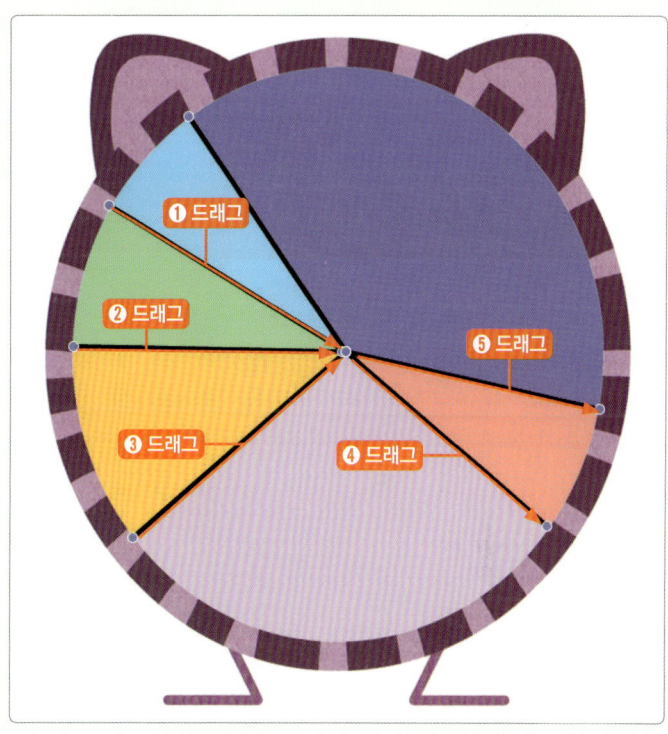

## 02 ▶ 그리기마당으로 원하는 그림을 찾고 글상자로 글자를 입력해요.

❶ [입력] 탭-[그림]의 목록 상자(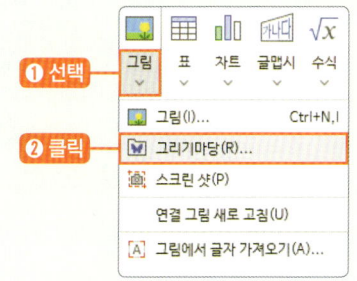)를 클릭하고 [그리기 마당]을 클릭한 후, <클립아트 다운로드> 단추를 클릭해요.

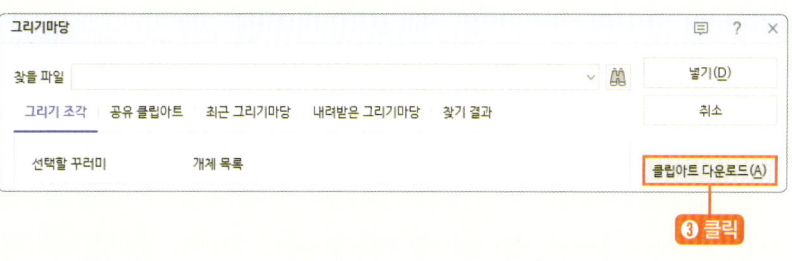

❷ 검색창에 '잠자기'를 입력한 다음 Enter 키를 누른 다음 이미지가 나오면 <내려받기(⬇)> 단추를 클릭해요.

❸ 한컴 애셋 대화상자를 닫고 내려받은 그림을 선택한 다음 <넣기> 단추를 클릭한 후, 생활 계획표에 입력해요.

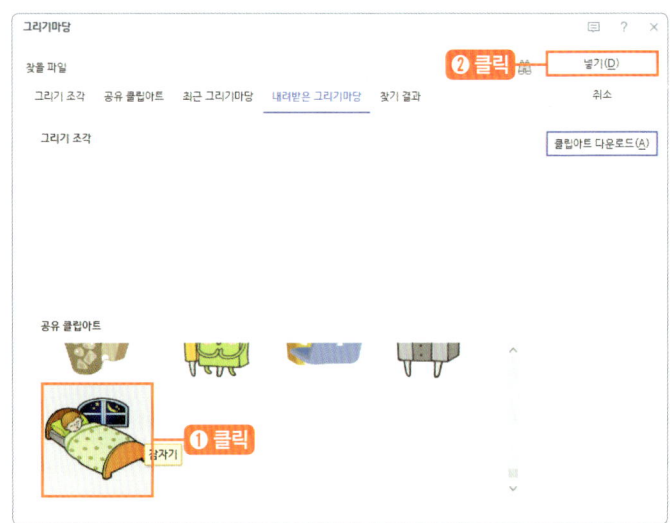

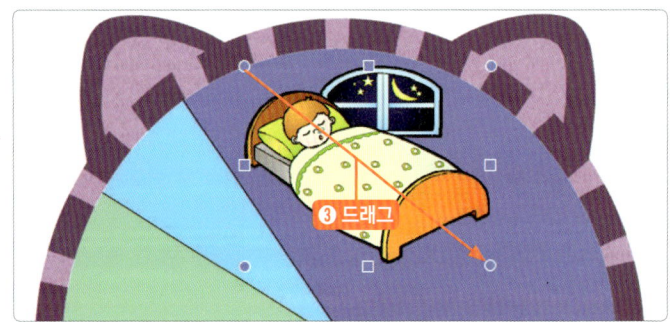

❹ [입력] 탭-'가로 글상자'를 선택한 후 침대 밑에 드래그 해요.

❺ '가로 글상자' 안에 '잠자기'라고 입력한 후, 글자를 드래그하여 글자 크기(32pt)를 변경해요.

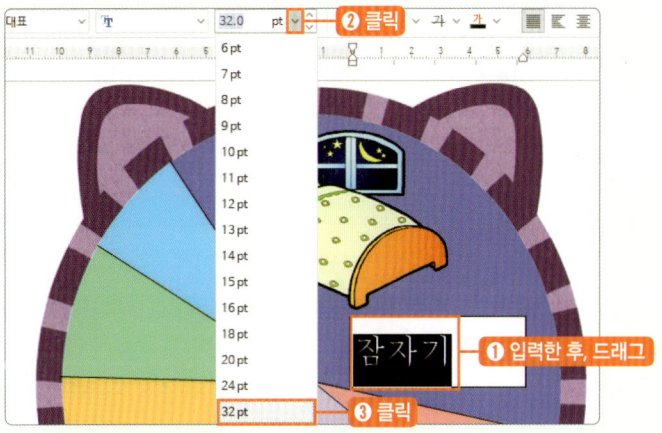

❻ 같은 방법으로 [그리기 마당]을 클릭한 후, <클립아트 다운로드> 단추를 클릭하고 검색창에 '밥'을 검색해서 밥 먹는 모습을 클릭한 다음 <내려받기> 단추를 클릭해요.

❼ 내려받은 그림을 클릭하고 <넣기> 단추를 클릭한 후, 생활 계획표의 잠자리 아래 위치에 드래그해서 입력해요.

❽ [입력] 탭-'가로 글상자'를 드래그하여 그려 넣은 후, '밥' 글자를 입력해요. 이어서, 글자를 드래그하고 글자 크기(32pt)를 변경해요.

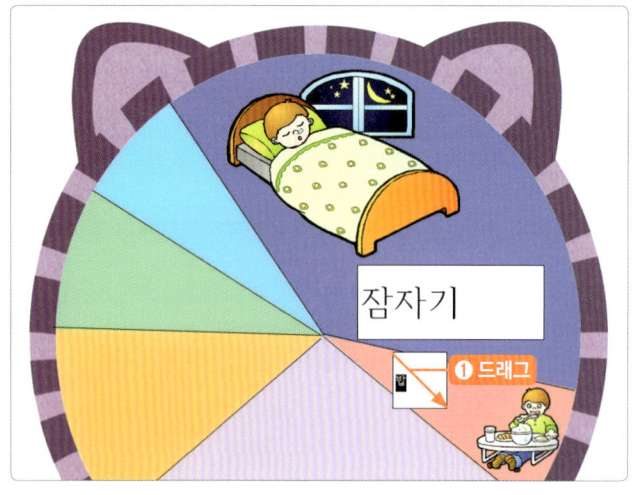

❾ 같은 방법으로 검색창에 '회사'를 검색하고 내려받은 후, 드래그해서 입력해요.

❿ 가로 글상자에 '출근'이라고 글자를 입력한 후 드래그하여 글자 크기(32pt)를 변경해요.

⓫ 완성된 계획표를 확인하고 [내 이름] 폴더에 '탐정 생활 계획표(완성)'으로 입력한 다음 <저장> 단추를 클릭해요.

# CHAPTER 09

## 스스로 뚝딱뚝딱!

### 01 그림과 같이 나머지 계획표를 완성해요.

1. 그리기마당에서 검색한 후, 내려받아 입력해요.
2. 글상자를 그려 넣고 글자를 입력한 후, 글자 크기를 '32pt'로 변경해요.
3. 글상자를 클릭하고 [도형] 탭-[도형 채우기]-'없음'으로 변경해요.
4. 글상자를 클릭하고 [도형] 탭-[도형 윤곽선]-'없음'으로 변경해요.

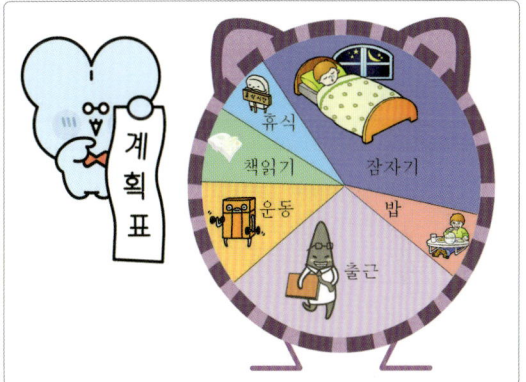

### 02 학습 게임으로 타자 실력 UP

혼자하는 타자 게임 또는 친구들과 대전 게임으로 승부를 겨루어 보아요.

 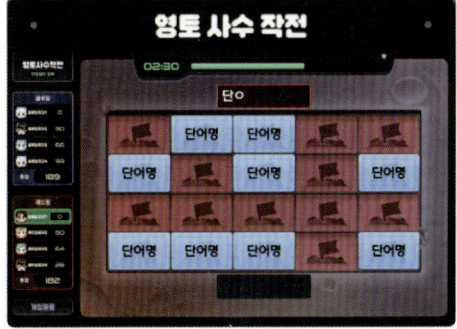

▲ 혼자 게임    ▲ 대전 게임

# 休 알아두면 좋은 컴퓨터 상식

# CHAPTER 10 잠자는 뇌를 깨우는 5분 스트레칭

**4분** K마블 타자연습으로 잠자는 손가락을 깨워요^^   평균 타수:

연습하고 싶은 학습 게임을 클릭해서 연습해 보아요.

**1분** 넌센스 퀴즈로 잠자는 뇌를 깨워요^^

왼쪽에 맛있는 아이스크림의 그림자를 찾아서 동그라미 표시해 주세요.

1.
2.
3.
4.

# CHAPTER 10 인생 네 컷 촬영하기

**이런걸 배워요!**
- 도형으로 사진틀을 만들 수 있어요.
- 사진틀에 그림을 넣어서 꾸며서 완성할 수 있어요.

■ 불러올 파일 : 인생 네 컷.hwpx   ■ 완성된 파일 : 인생 네 컷(완성).hwpx

주말에 뭐할까?
친구들과 함께
인생네컷 사진을
찍어볼까?

사진틀에 예쁜 아이콘
그림들도 넣어서
친구들과 함께 찍은
인생 네 컷 사진을
자랑하자!

## 01  도형으로 사진틀을 만들어 보아요.

❶ 한글 2022 실행 후, [내 컴퓨터에서 불러오기]를 클릭해요.

❷ [불러올 파일]-[CHAPTER 10]-'인생네컷.hwpx' 파일을 선택하고 <열기> 단추를 클릭해요.

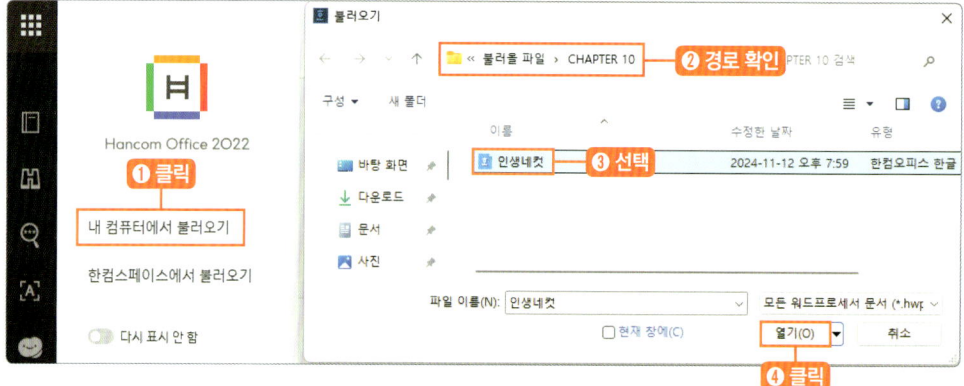

❸ [입력] 탭-'직사각형' 도형을 클릭한 후, 크기에 맞춰서 드래그해요.

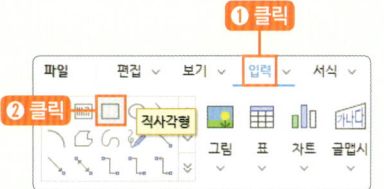

❹ 그려 넣은 도형을 클릭하고 [도형 채우기]-'주황 80% 밝게'를 클릭해요.

❺ [입력] 탭-'직사각형' 도형을 클릭한 후, 드래그해요.

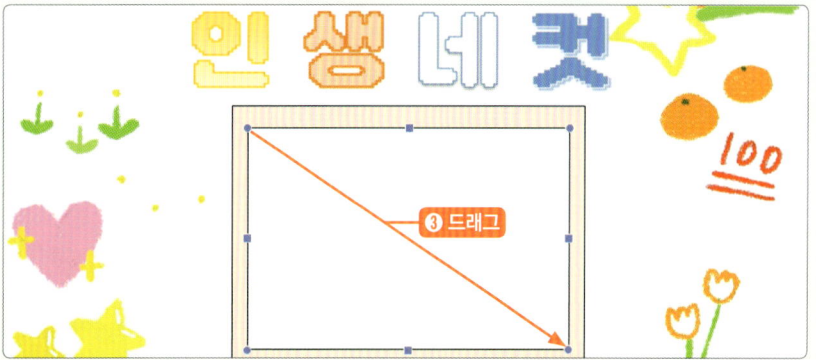

❻ 같은 방법으로 3개 더 입력하고 모두 4개의 사진틀이 완성해요.

## 02 그림으로 인생 네 컷의 틀을 멋지게 꾸며보아요.

❶ 인생 네 컷 글씨 위에 '리본' 그림을 클릭하고 [그림( )] 탭-[앞으로]의 목록 상자( )를 클릭-[맨 앞으로]를 클릭해요.

 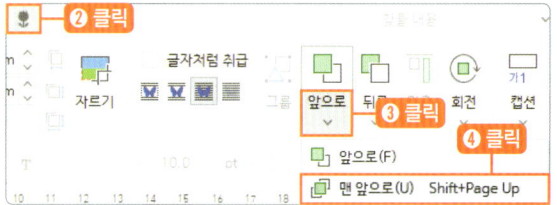

> **TIP**
> ■ 그림을 그려 넣은 순서가 있어서 '맨 앞으로'로 변경하지 않으면 그림이 뒤로 숨어요.

❷ 그림을 네 컷으로 만든 도형 위로 이동해서 네 컷을 예쁘게 꾸며요.

③ 같은 방법으로 '별' 그림을 클릭하고 [그림] 탭-[앞으로]-[맨 앞으로]를 클릭한 후, 사진틀을 꾸며요.

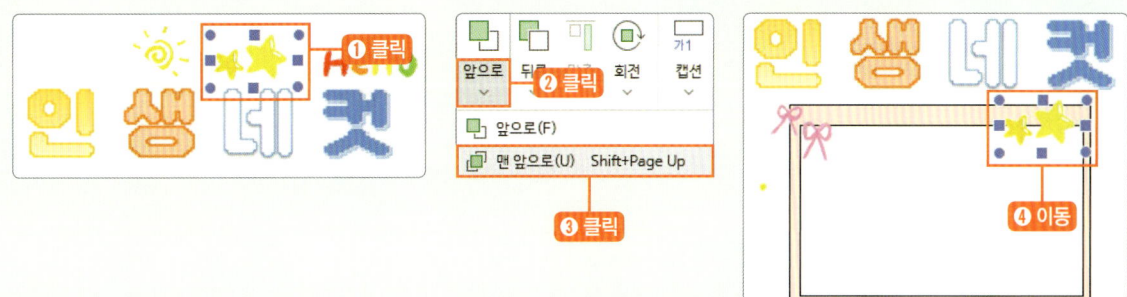

④ 다른 그림들도 클릭해서 같은 방법으로 '맨 앞으로' 변경한 후, 꾸며서 완성해요.

⑤ 완성된 작품을 확인하고 [내 이름] 폴더에 '인생 네 컷(완성)'으로 입력한 다음 <저장> 단추를 클릭해요.

# CHAPTER 10 ▶ 스스로 뚝딱뚝딱!

📁 불러올 파일 : 햄버거 만들기.hwpx  📁 완성된 파일 : 햄버거 만들기(완성).hwpx

**문제해결능력**

### 01 맛있는 햄버거 만들어요.

1. [그림]-[앞으로]-[맨 앞으로]로 사용해서 맛있는 햄버거를 완성해요.
2. 햄버거 아래쪽부터 위쪽으로 배치하면서 만들어요.

### 02 학습 게임으로 타자 실력 UP

혼자하는 타자 게임 또는 친구들과 대전 게임으로 승부를 겨루어 보아요.

 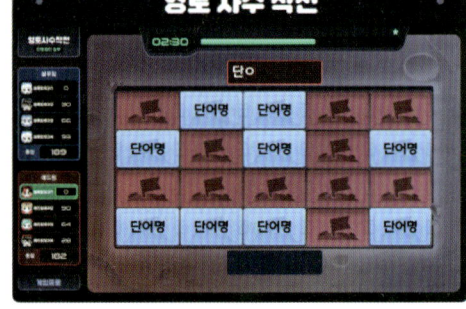

▲ 혼자 게임    ▲ 대전 게임

# CHAPTER 11 잠자는 뇌를 깨우는 5분 스트레칭

### 4분 K마블 타자연습으로 잠자는 손가락을 깨워요^^      평균 타수:

연습하고 싶은 학습 게임을 클릭해서 연습해 보아요.

### 1분 넌센스 퀴즈로 잠자는 뇌를 깨워요^^

빈곳에 들어갈 조각을 찾아서 번호를 써 넣어요.

 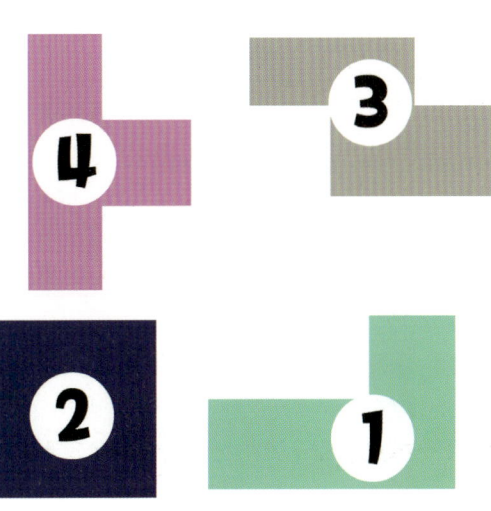

## CHAPTER 11 게임기 만들기

**이런걸 배워요!**
- 도형의 색상을 변경할 수 있어요.
- 도형 안에 그림으로 채울 수 있어요.

📂 불러올 파일 : 게임기 만들기..hwpx   📂 완성된 파일 : 게임기 만들기(완성).hwpx

### 01 게임기의 색상과 그림을 넣어 보아요.

① 한글 2022 실행 후, [내 컴퓨터에서 불러오기]-[불러올 파일]-[CHAPTER 11]-'게임기 만들기.hwpx' 파일을 선택하고 <열기> 단추를 클릭해요.

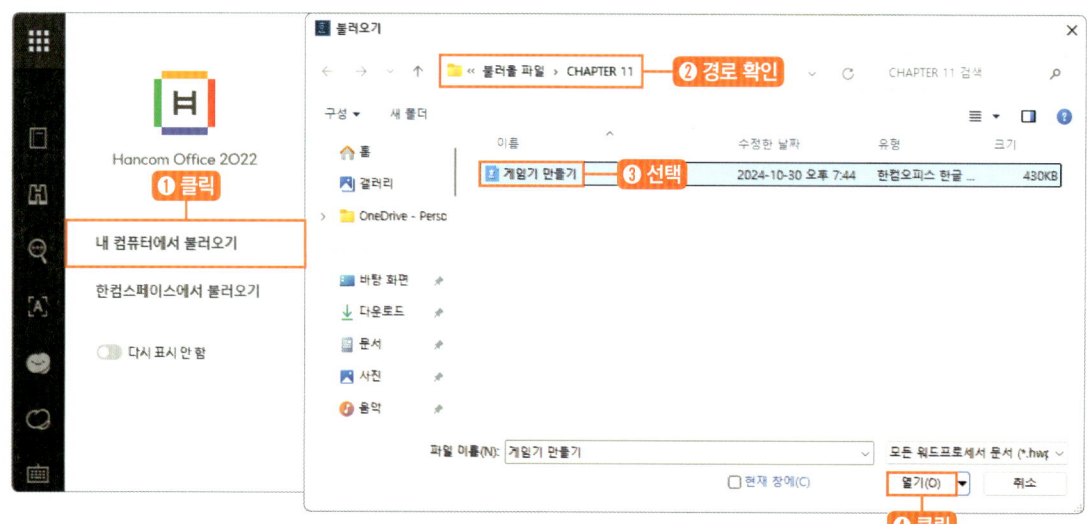

❷ 왼쪽 도형을 클릭하고 [도형] 탭-[도형 채우기]의 목록 단추(∨)를 클릭한 다음 '빨강'을 클릭해요.

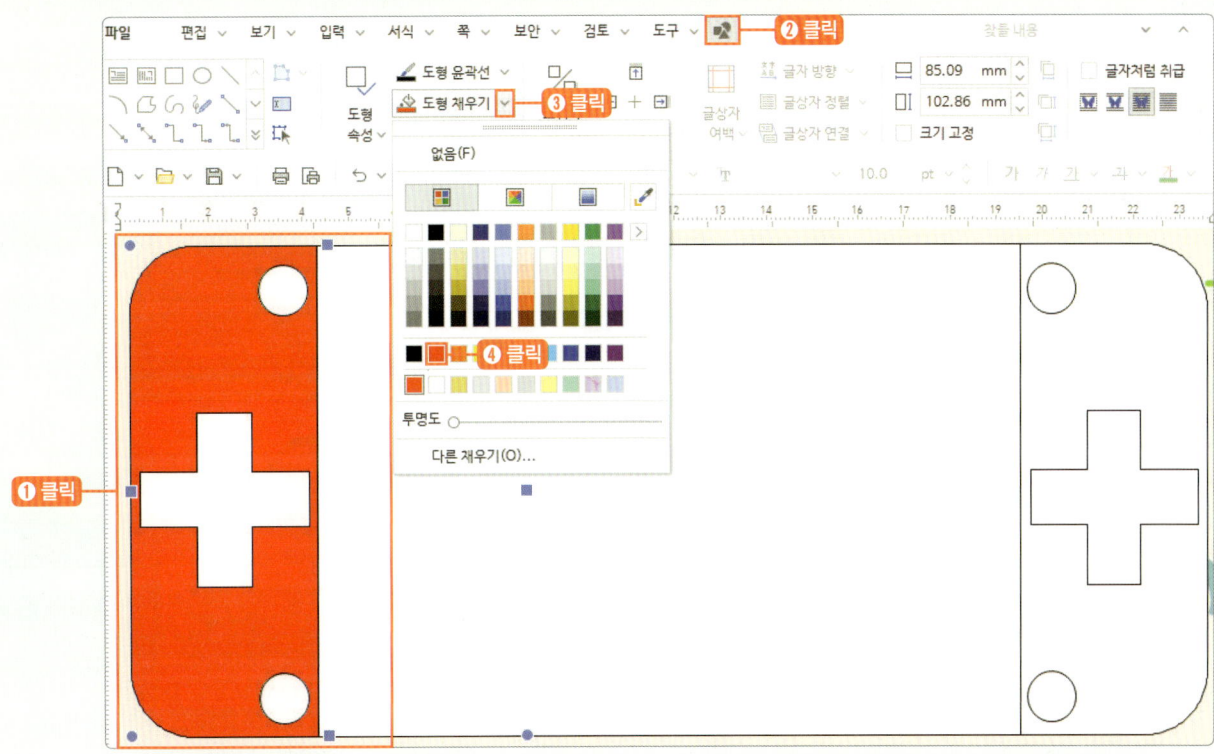

❸ 오른쪽 도형을 클릭하고 [도형] 탭-[도형 채우기]의 목록 단추(∨)를 클릭한 다음 '파랑'을 클릭해요.

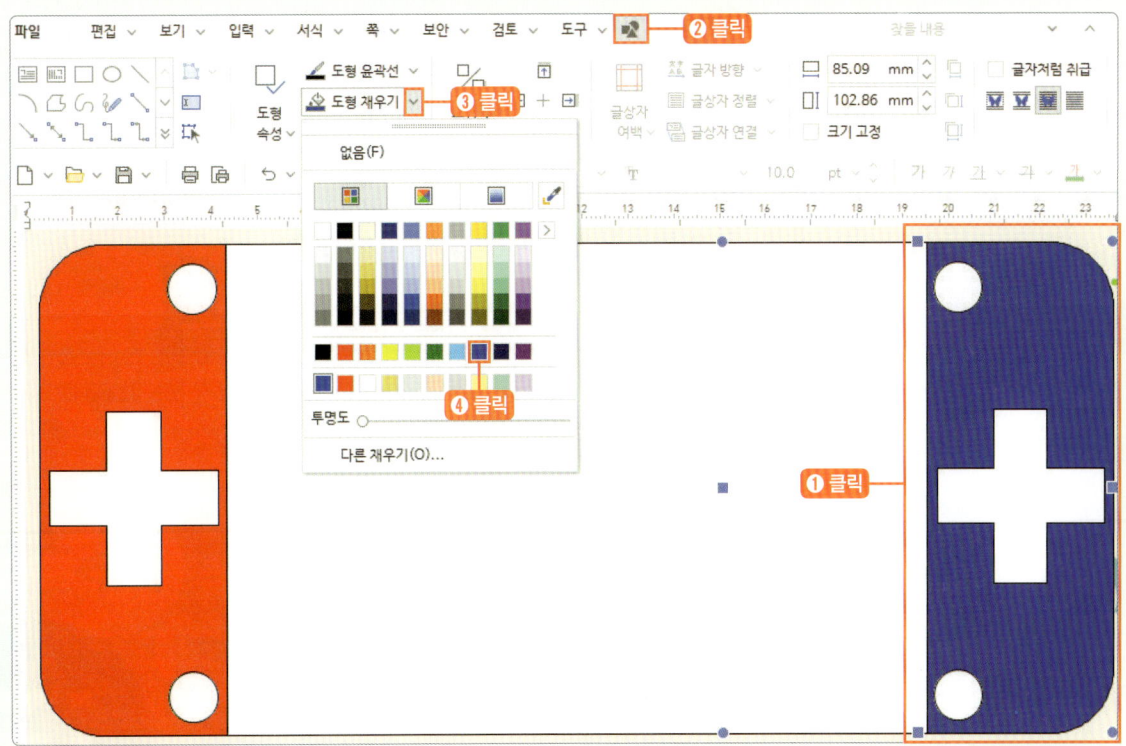

④ 가운데 도형을 클릭하고 [도형] 탭-[도형 채우기]의 목록 단추(∨)-[다른 채우기]를 클릭해요.

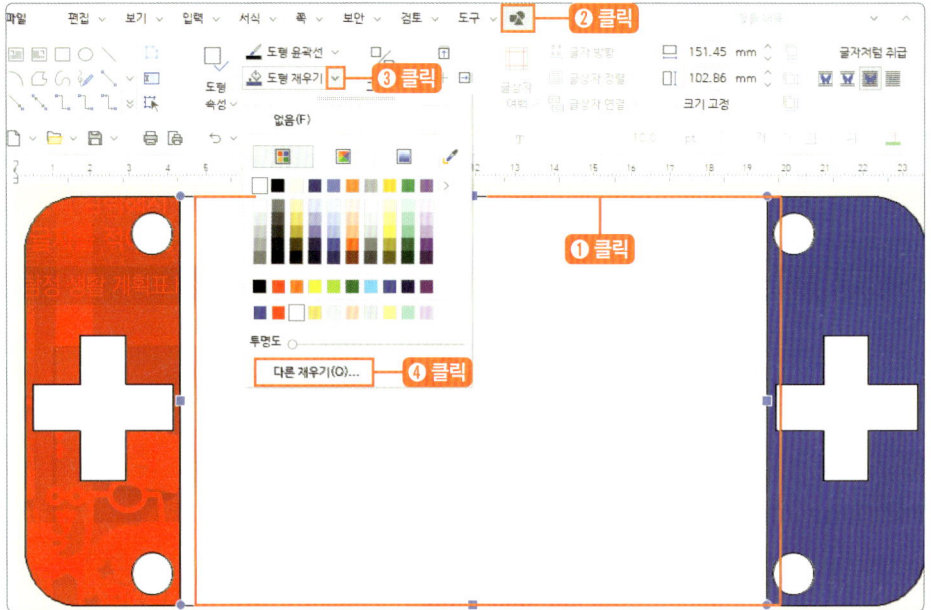

⑤ [개체 속성] 대화상자의 [채우기] 탭-[그림]을 체크한 후, <그림 선택> 단추를 클릭해요.

⑥ [불러올 파일]-[CHAPTER 11]-'게임.jpg'을 클릭하고 <열기> 단추를 클릭해요.

❼ 그림을 넣어서 완성한 작품을 확인해요.

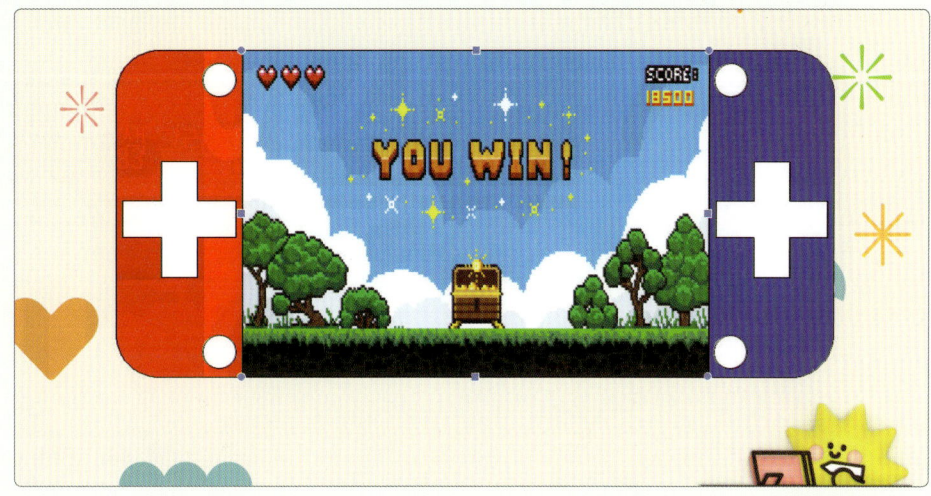

## 02 게임기 단추를 만들어 보아요.

❶ 왼쪽에 더하기 도형을 클릭하고 [도형] 탭-[도형 채우기]-[다른 채우기]를 클릭해요.

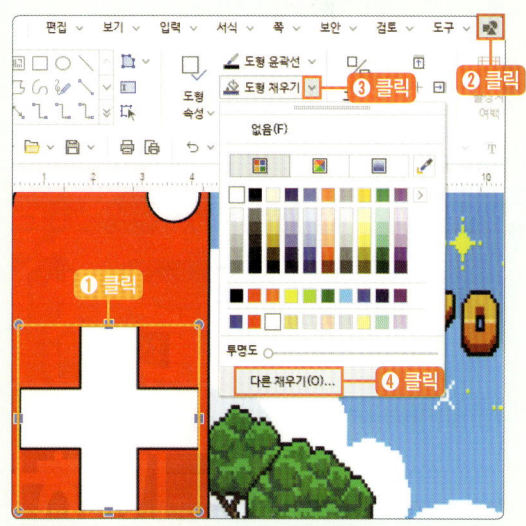

❷ [개체 속성] 대화상자의 [채우기] 탭-[그림]을 클릭한 후, <그림 선택> 단추를 클릭해요. 이어서, [불러올 파일]-[CHAPTER 11]-'이동버튼.jpg'을 선택하고 <열기> 단추를 클릭해요.

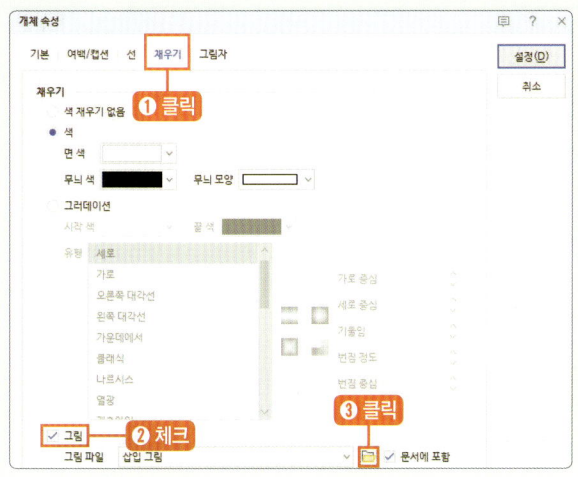
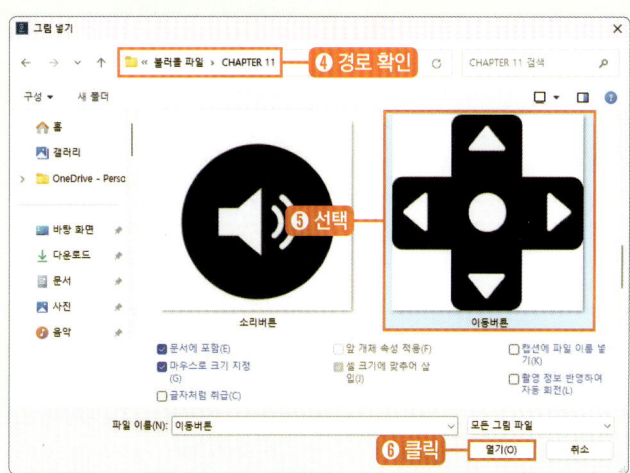

❸ 왼쪽에 동그라미 도형을 클릭하고 [도형] 탭-[도형 채우기]-[다른 채우기]를 클릭해요.

❹ [개체 속성] 대화상자의 [채우기] 탭-[그림]을 선택한 후 <그림 선택> 단추를 클릭해요. 이어서, [불러올 파일]-[CHAPTER 11]-'메뉴버튼.jpg'을 선택하고 <열기> 단추를 클릭해요.

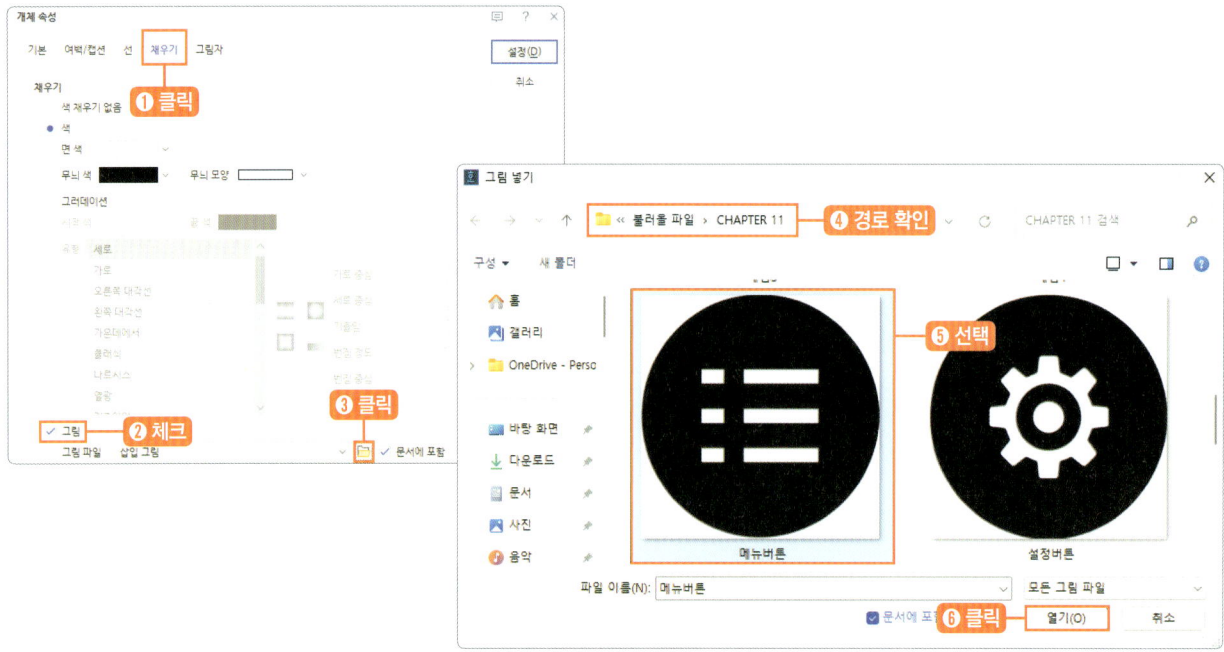

❺ 단추를 삽입해서 완성한 작품을 확인하고 [내 이름] 폴더에 '게임기 만들기(완성)'으로 입력한 다음 <저장> 단추를 클릭해요.

CHAPTER 11

■ 불러올 파일 : 없음　■ 완성된 파일 : 게임기 만들기(완성)-1.hwpx

# 스스로 뚝딱뚝딱!

## 01 게임기를 완성해요.

1. 게임기의 색상과 원하는 그림으로 변경해 보아요.
2. 게임기의 버튼에 그림을 삽입해서 완성해 보아요.
3. 완성된 작품을 [내 이름] 폴더에 '게임기 만들기(완성)-1'로 저장해요.

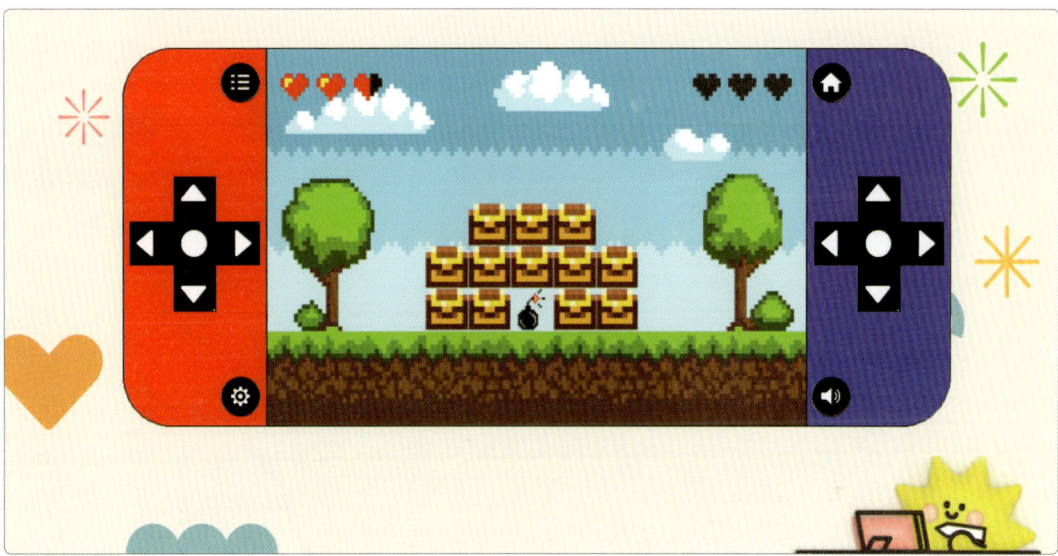

## 02 학습 게임으로 타자 실력 UP

혼자하는 타자 게임 또는 친구들과 대전 게임으로 승부를 겨루어 보아요.

 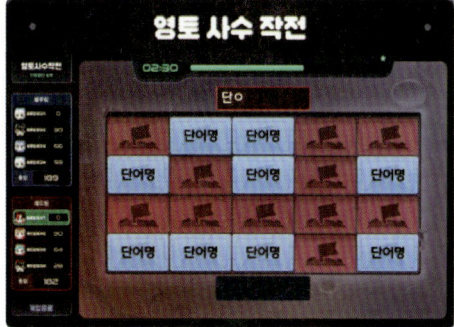

▲ 혼자 게임　　　　　　　　　　▲ 대전 게임

# CHAPTER 12 · 나의 버킷 리스트 만들기!

지난 세 개의 차시에서 배운 내용으로 스스로 해결해 볼까?

■ 불러올 파일 : 나의 버킷 리스트 1.hwpx   ■ 완성된 파일 : 나의 버킷 리스트(완성).hwpx

 오늘은 지난 세 개의 차시에서 배운 내용으로 하나의 작품을 만들어 볼거에요. 오른쪽 페이지를 참고해서 스스로 해결해 보고 어려운 부분은 손을 들어주세요.

■ **이렇게 만들어 보아요.**(아래 지시사항과 힌트를 보면서 스스로 해결해 보아요.)

## 01 내 맘대로 사고력으로 문제해결능력 U P

- **파일 열기** : [불러올 파일]-[CHAPTER 12]에서 나의 버킷리스트1~3중에 원하는 파일을 <열기> 단추를 클릭해요.
- [입력] 탭-[글맵시( )]-'채우기-하늘색 그러데이션, 갈매기형 수장모양'을 선택하고 '나의 버킷 리스트'를 입력해요.
- [입력] 탭-'글상자( )' 그려 넣고 글씨를 입력해요.
- **글자 크기** : '18pt'로 변경해요.
- 글상자의 테두리를 클릭하고 [도형] 탭-[도형 윤곽선]-'없음' 클릭해요.
- 글상자의 테두리를 클릭하고 [도형] 탭-[도형 채우기]-'없음' 클릭해요.
- [입력] 탭-[그림]-[그리기마당] : 맨 앞 체크박스 안에 원하는 그림을 삽입해요.

# 休 알아두면 좋은 컴퓨터 상식

## CHAPTER 13 잠자는 뇌를 깨우는 5분 스트레칭

**4분** K마블 타자연습으로 잠자는 손가락을 깨워요^^    평균 타수 :

연습하고 싶은 학습 게임을 선택해서 연습해 보아요.

**1분** 넌센스 퀴즈로 잠자는 뇌를 깨워요^^

토끼가 길을 찾아가서 맛있는 당근을 먹어요.

# CHAPTER 13 탐정 수사 노트 만들기

**이런걸 배워요!**
- 그림을 삽입하여 수첩의 표지를 멋지게 꾸밀 수 있어요.
- 표의 줄과 칸을 삽입해서 노트를 만들 수 있어요.

📁 불러올 파일 : 탐정 수사 노트.hwpx   📁 완성된 파일 : 탐정 수사 노트(완성).hwpx

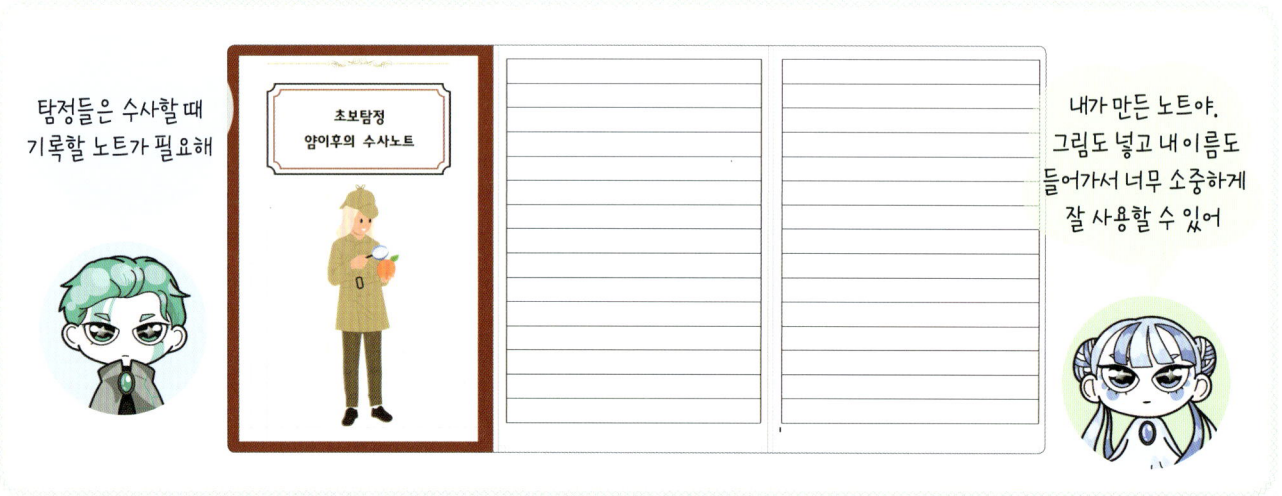

## 01 탐정 수첩의 멋진 표지를 만들어 보아요.

❶ 한글 2022 실행 후, [내 컴퓨터에서 불러오기]를 클릭해요.

❷ [불러올 파일]-[CHAPTER 13]-'탐정 수첩.hwpx' 파일을 선택하고 <열기> 단추를 클릭해요.

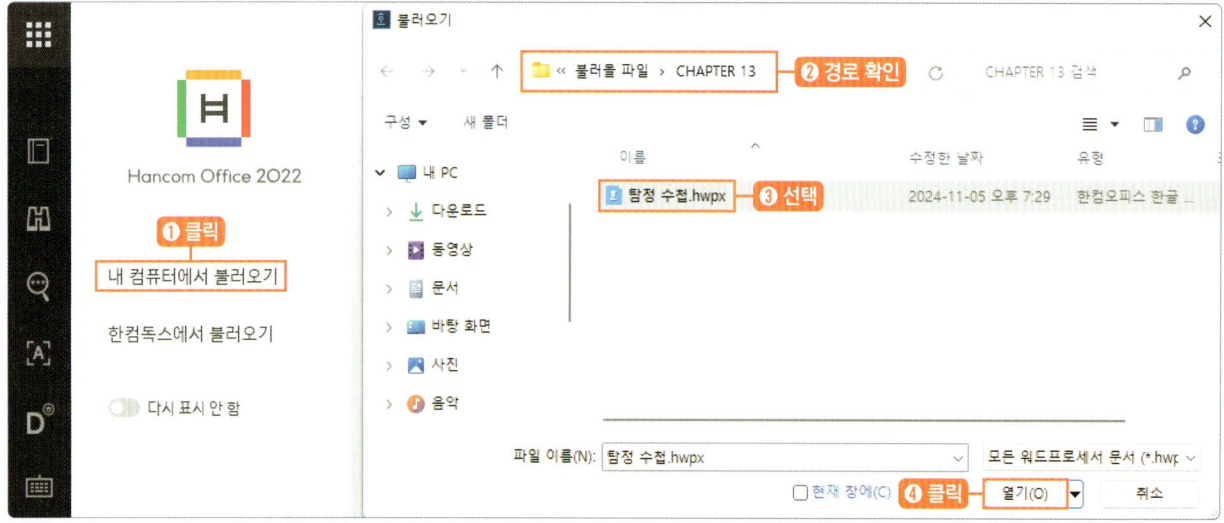

❸ [입력] 탭-'글상자'를 클릭해서 드래그해요. 이어서, 글상자 안에 '초보탐정 얌이후의 수사노트'를 입력해요.

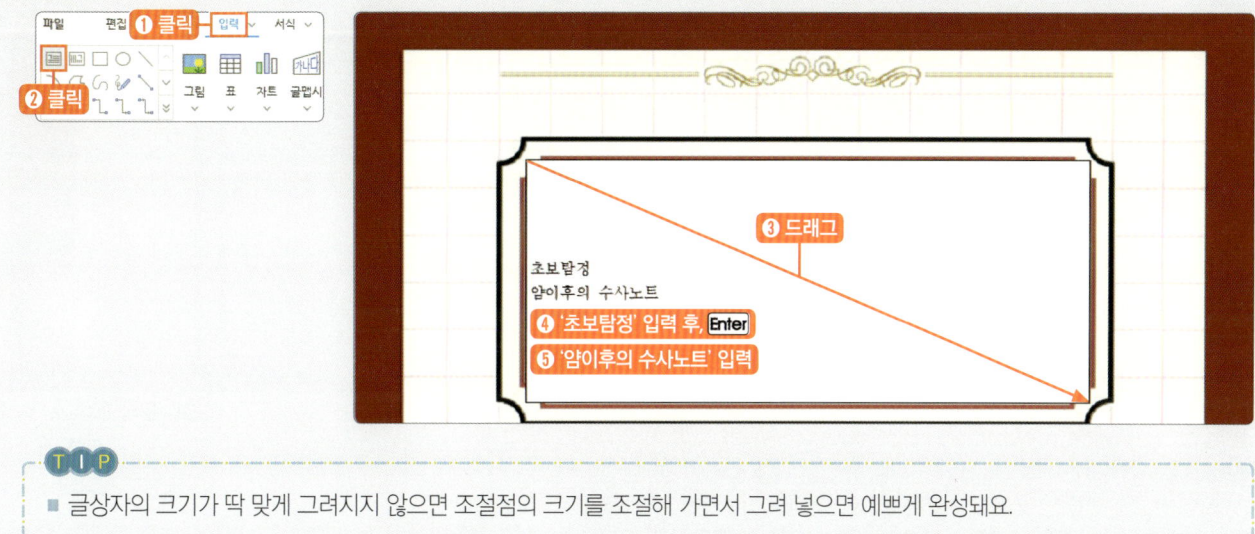

> TIP
> ■ 글상자의 크기가 딱 맞게 그려지지 않으면 조절점의 크기를 조절해 가면서 그려 넣으면 예쁘게 완성돼요.

❹ 입력된 글자를 드래그하여 '글자 크기(32pt)'를 변경해요. 이어서, '글꼴(한컴 윤고딕250)'으로 변경해요.

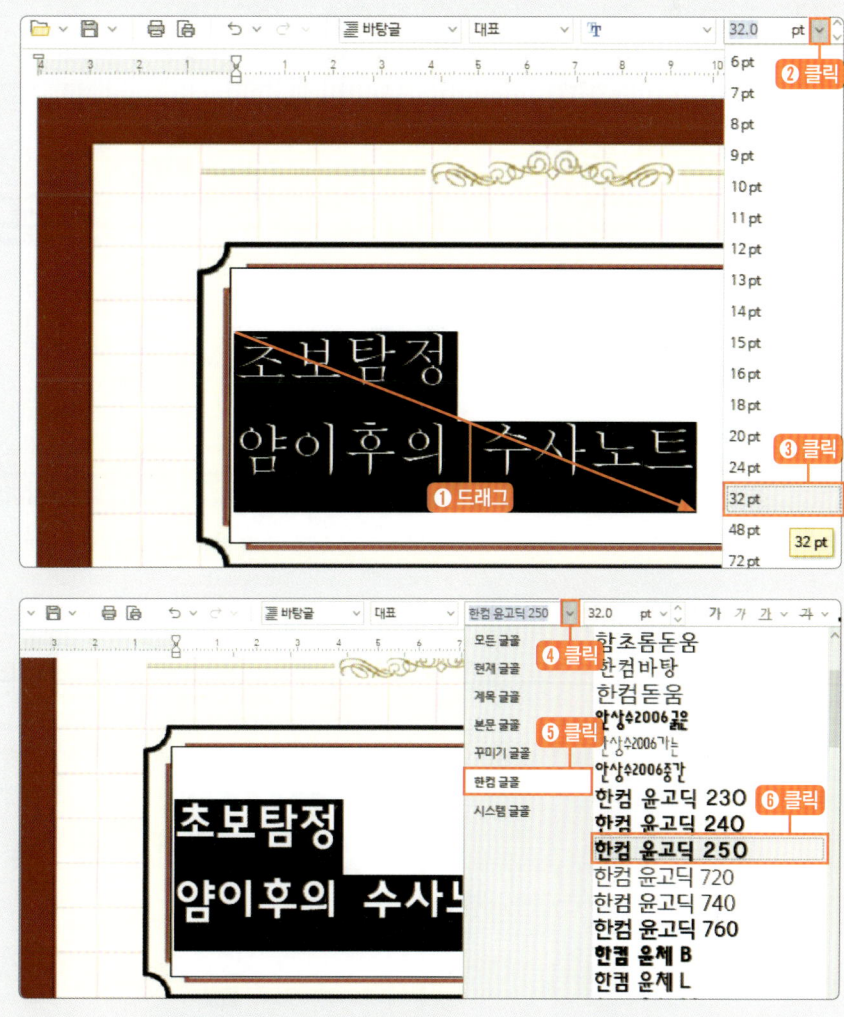

❺ 글상자의 테두리를 클릭한 후, [서식 도구상자]-'가운데 정렬(≡)'을 클릭해요.

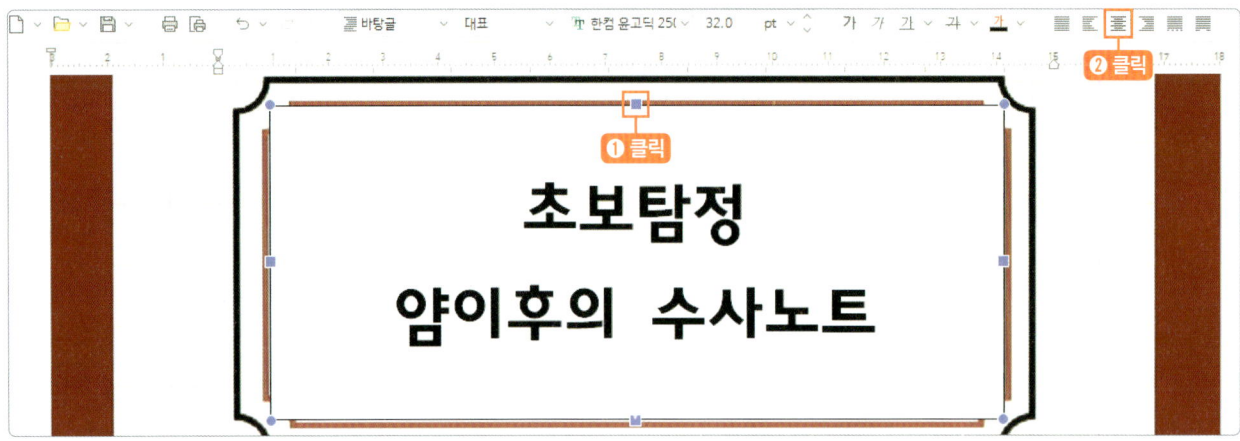

❻ 글상자의 테두리를 선택한 후, [도형] 탭-[도형 윤곽선]-'없음', [도형 채우기]-'없음'을 클릭해요.

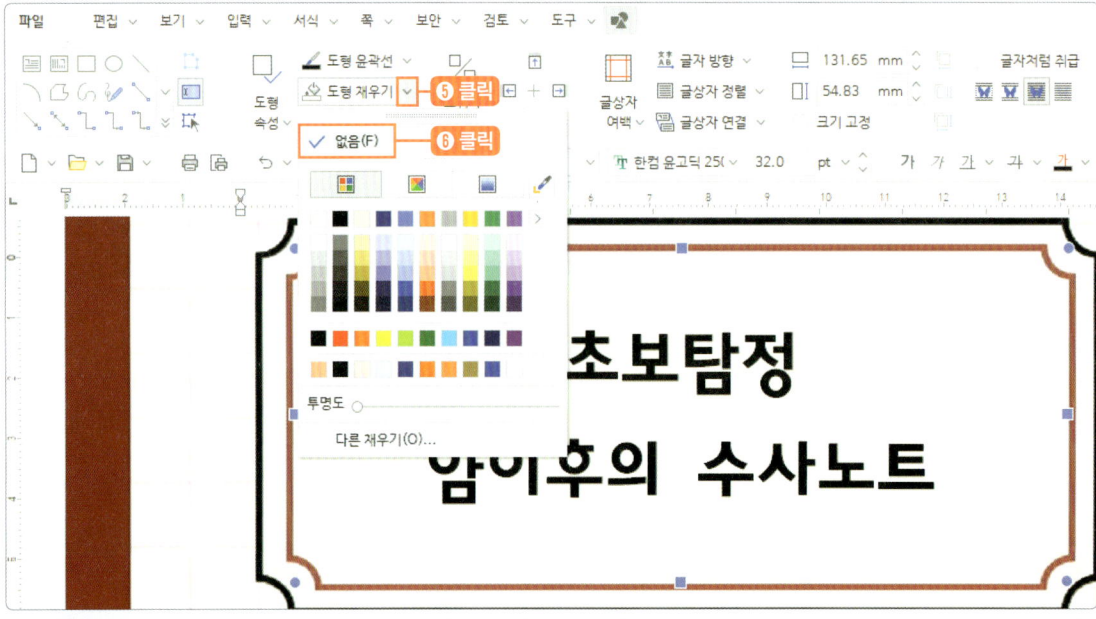

## 02 그림을 넣어서 수사 노트를 멋지게 꾸며보아요.

① 마우스로 탐정 수첩 표지의 맨 앞을 클릭해요. 꼭!

> TIP
> ■ 글상자 안에 클릭이 되어있으면 그림이 글상자 안으로 숨어요.

② [입력] 탭-[그림]을 클릭해요. 이어서, [불러올 파일]-[CHAPTER 13]-'탐정3.png'를 선택하고 <열기> 단추를 클릭해요.

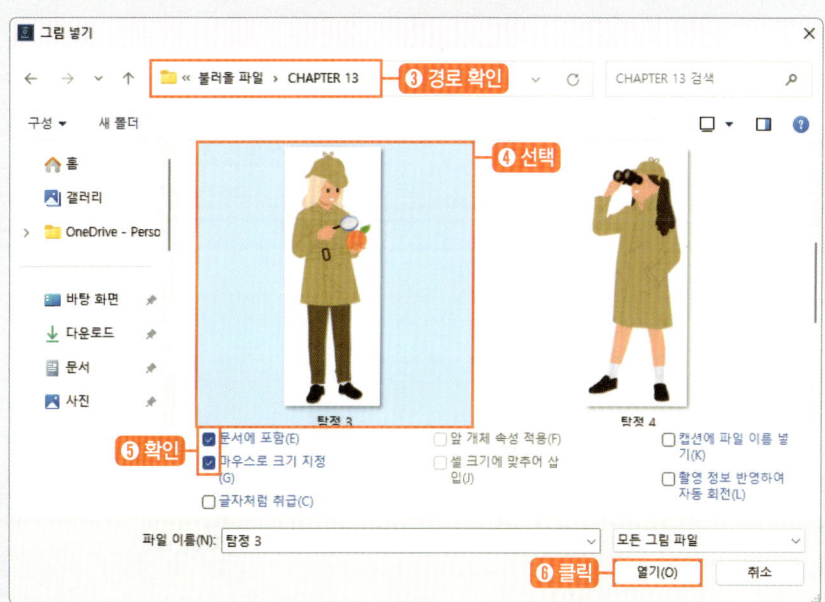

③ 그림을 드래그하여 입력하고 탐정 수첩의 표지를 완성해요.

13 · 탐정 수사 노트 만들기  **079**

## 03 글자를 기록할 수 있는 노트를 표로 만들어요.

❶ [쪽] 탭-[쪽 나누기]를 클릭해요. 2쪽이 새롭게 나타났어요. 꼭! 확인해요.

**TIP**
- 표를 만들기 전에 꼭 마우스의 커서가 맨 앞에 위치해야 해요. 아니면 표 위치가 변경될 수 있어요.

❷ [입력] 탭-[표(⊞)]아이콘을 클릭해요.

❸ [표 만들기] 대화상자에서 줄 개수(15), 칸 개수(1), 높이-임의 값(260.0mm), 기타-'글자처럼 취급'에 체크 표시하고 <만들기> 단추를 클릭해요.

❸ 만들어진 표를 확인한 후, 표 맨 아래 빈 공간에 클릭하고 커서를 확인해요.

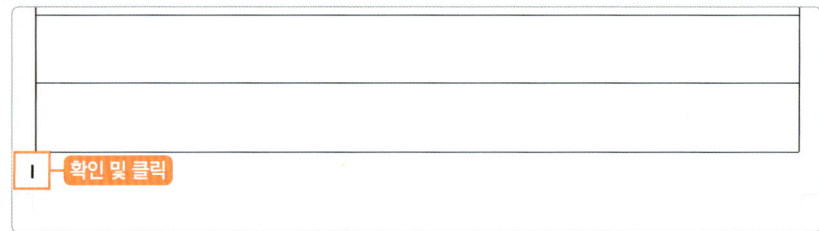

❺ 같은 방법으로 노트를 1장 더 만들고 완성된 작품을 확인해요.

※ 만드는 방법 : 커서의 위치 확인 → [쪽] 탭-[쪽 나누기] → [입력] 탭-[표(▦)] → [표 만들기]-줄 개수(15), 칸 개수(1), 높이-임의 값(260.0 mm)을 확인하고 <만들기> 단추 클릭해요.

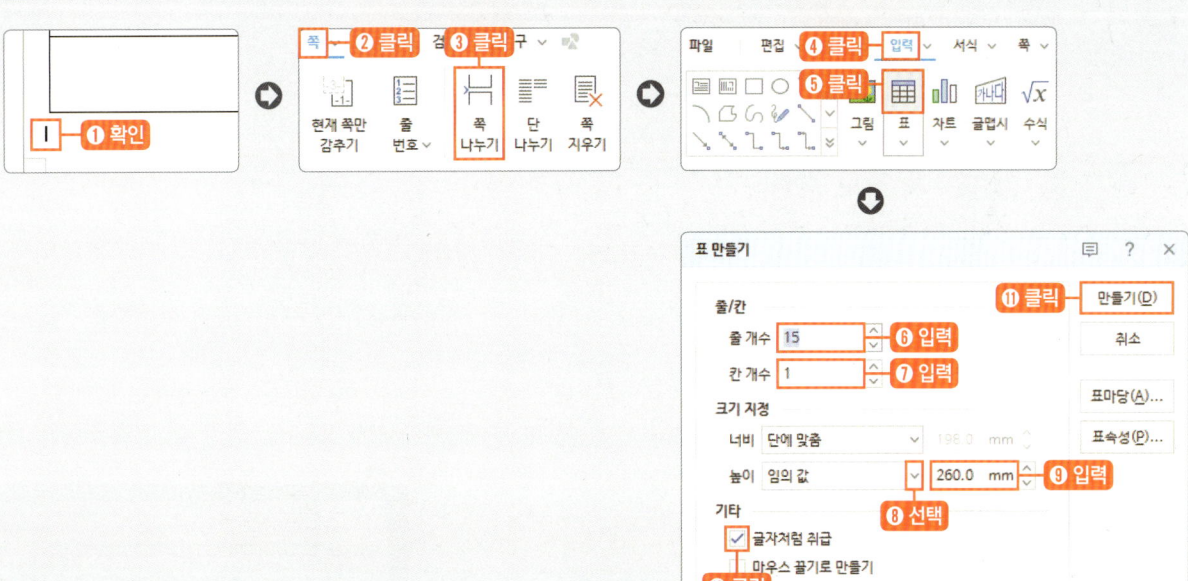

❻ 완성된 작품을 확인하고 [내 이름] 폴더에 '탐정 수사 노트(완성)'으로 입력한 다음 <저장> 단추를 클릭해요.

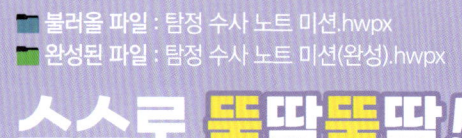

# 스스로 뚝딱뚝딱!

## 01 탐정 수사 노트 완성하기

- 글자 색상과 글자의 크기를 서로 다르게 변경해요.

- 그림을 추가해서 표지를 멋지게 꾸며요.

    ※ 그림을 삽입할 때는 커서의 위치를 표지의 맨 앞에 위치해야 돼요.

## 02 학습 게임으로 타자 실력 UP

혼자하는 타자 게임 또는 친구들과 대전 게임으로 승부를 겨루어 보아요.

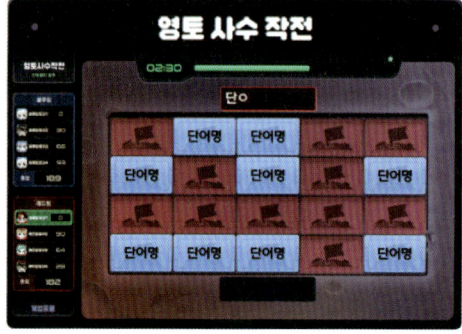

# CHAPTER 14 잠자는 뇌를 깨우는 5분 스트레칭

**4분** K마블 타자연습으로 잠자는 손가락을 깨워요^^     평균 타수 :

연습하고 싶은 학습 게임을 선택해서 연습해 보아요.

**1분** 넌센스 퀴즈로 잠자는 뇌를 깨워요^^

범인의 발자국은 어디일까? 발자국을 따라가서 범인을 찾자!

## CHAPTER 14 · 고양이 탐정 선글라스

**이런 걸 배워요!**
- 그러데이션으로 선글라스 렌즈를 만들 수 있어요.
- 렌즈를 투명하게 만들어서 고양이 눈을 볼 수가 있어요.

📂 **불러올 파일** : 고양이 탐정 선글라스.hwpx   📂 **완성된 파일** : 고양이 탐정 선글라스(완성).hwpx

고양이 탐정에게
멋진 선글라스가 생겼네^^
눈이 비춰서
보여지는데~

내가 선물했어. 렌즈가
반투명으로 되어 있어서
다른 사람들의 표정을 보면서
마음을 읽을 수 있는
마법의 선글라스야^^

---

**01** ▶ 선글라스 그림을 삽입하고 렌즈를 그러데이션으로 만들어 보아요.

❶ 한글 2022 실행 후, [내 컴퓨터에서 불러오기]를 클릭해요.

❷ [불러올 파일]-[CHAPTER 14]-'고양이 탐정 선글라스.hwpx' 파일을 선택하고 <열기> 단추를 클릭해요.

❸ [입력] 탭-[그림]을 클릭한 후, [불러올 파일]-[CHAPTER 14]-'선글라스01.png'를 선택하고 <열기> 단추를 클릭해요.

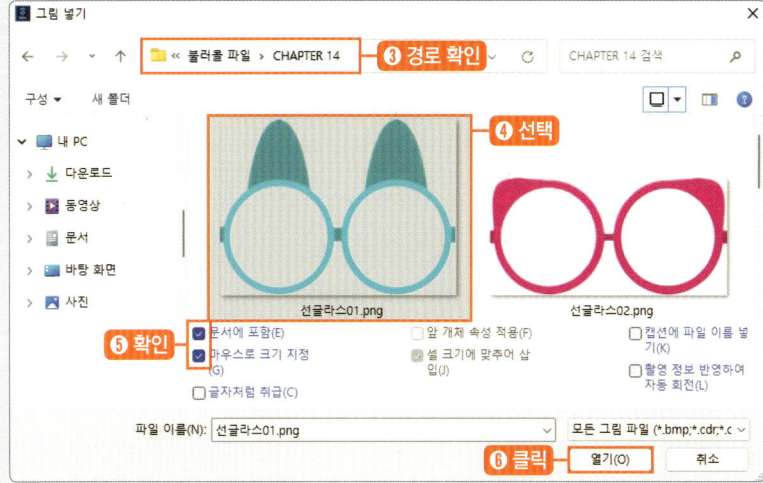

❹ 고양이 탐정 얼굴에 드래그하여 선글라스를 삽입하고 크기를 조절해요.

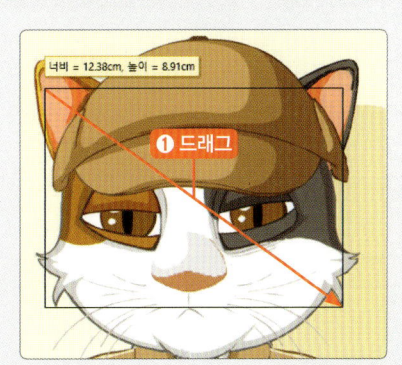

❺ [입력] 탭-'타원' 도형을 선택하여 고양이 안경의 렌즈를 양쪽에 입력해요.

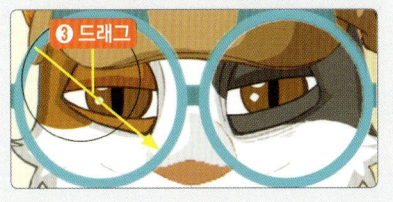

14 · 고양이 탐정 선글라스

❻ 왼쪽 렌즈 도형을 클릭하고 [도형] 탭-[도형 채우기]-[다른 채우기]를 클릭해요.

❼ [개체 속성] 대화상자의 [채우기] 탭-[그러데이션]-[유형 : 물안개]를 선택하고 <설정> 단추를 클릭해요.

※ 유형 물안개는 스크롤바를 아래로 내려서 확인해요.

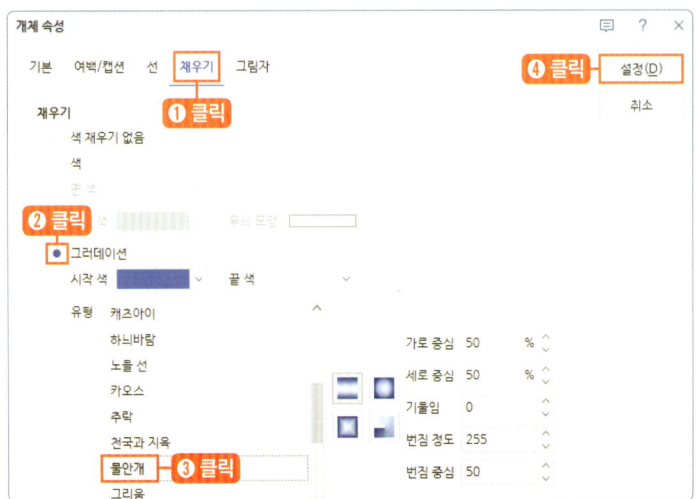 

❽ 오른쪽 렌즈 도형을 선택하고 [도형] 탭-[도형 채우기]-[다른 채우기]를 클릭해요. 이어서, [개체 속성] 대화상자의 [채우기] 탭-[그러데이션]-[유형 : 물안개]를 선택하고 <설정> 단추를 클릭해요.

  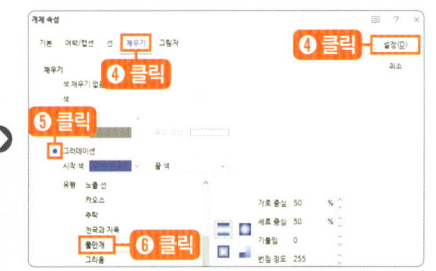 

**02** 고양이 탐정 눈이 보이도록 렌즈를 투명으로 변경해 보아요.

① 왼쪽 렌즈를 선택하고 [도형] 탭-[도형 채우기]-투명도 30%로 드래그하여 변경해요.

② 오른쪽 렌즈를 선택하고 [도형] 탭-[도형 채우기]-투명도 30%로 드래그하여 변경해요.

③ 완성된 작품을 확인하고 [내 이름] 폴더에 '고양이 탐정 선글라스(완성)'으로 입력한 다음 <저장> 단추를 클릭해요.

# CHAPTER 14

📁 불러올 파일 : 탐정 선글라스 렌즈.hwpx
📁 완성된 파일 : 탐정 선글라스 렌즈(완성).hwpx

## 스스로 뚝딱뚝딱!

**01** 탐정 안경의 렌즈 색상을 바꿔요.

- [그러데이션]-[아마겟돈]으로 변경해요.
- 투명도를 40%로 변경해 보아요.

**02** 학습 게임으로 타자 실력 UP

혼자하는 타자 게임 또는 친구들과 대전 게임으로 승부를 겨루어 보아요.

 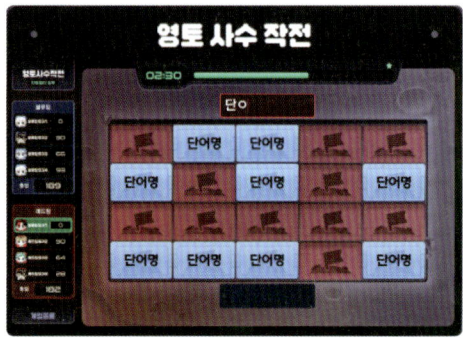

# CHAPTER 15 잠자는 뇌를 깨우는 5분 스트레칭

**4분** K마블 타자연습으로 잠자는 손가락을 깨워요^^  평균 타수:

연습하고 싶은 학습 게임을 선택해서 연습해 보아요.

**1분** 넌센스 퀴즈로 잠자는 뇌를 깨워요^^

어항 안에 물고기를 바르게 연결해 주세요. 크기와 모양을 보고 연결해요.

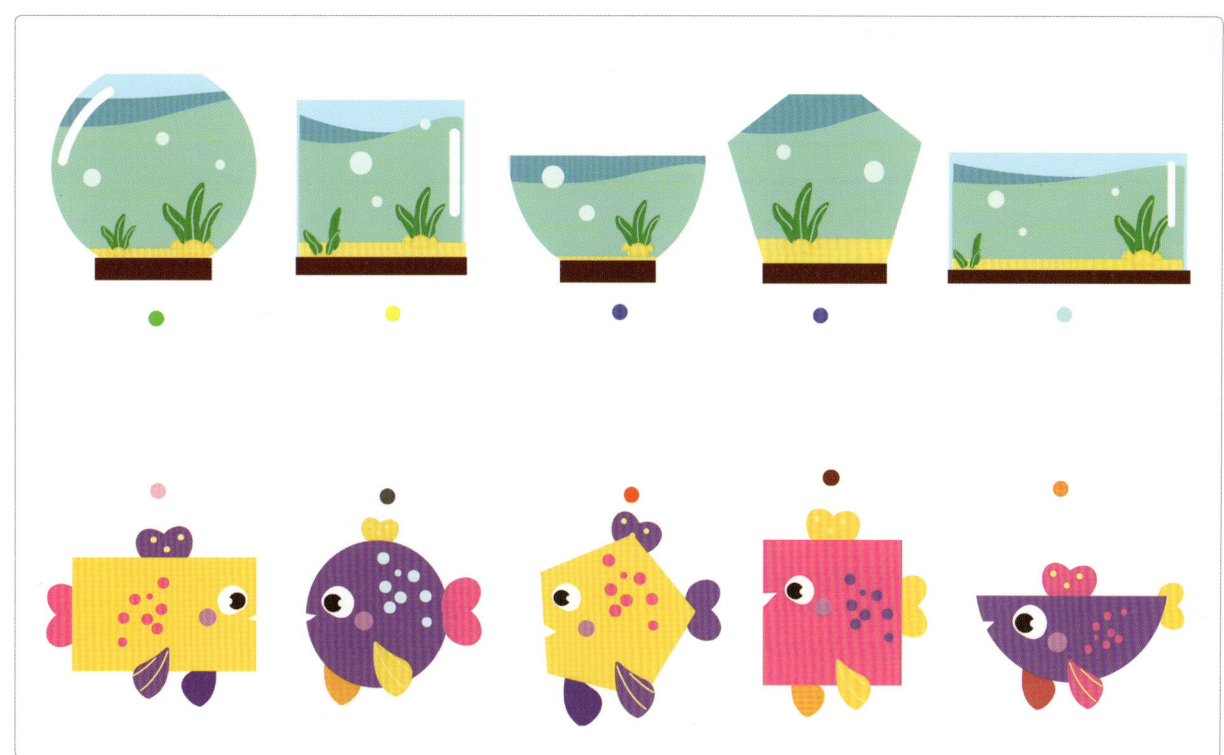

## CHAPTER 15 글로벌 탐정 되기

**이런걸 배워요!**
- 번역 기능으로 다른 나라 언어를 입력할 수 있어요.
- 나라를 소개하는 그림을 올바르게 삽입할 수 있어요.

■ 불러올 파일 : 글로벌 탐정.hwpx   ■ 완성된 파일 : 글로벌 탐정(완성).hwpx

탐정이 되어서 다른 나라를 여행을 함께 다니면 너무 좋겠는데

그래서 요즘 나는 번역 기능을 통해서 여행하고 싶은 나라들의 말을 공부하고 있어.

### 01 글자를 입력하고 번역 기능을 사용해요.

❶ 한글 2022 실행 후, [내 컴퓨터에서 불러오기]를 클릭해요.

❷ [불러올 파일]-[CHAPTER 15]-'글로벌 탐정.hwpx' 파일을 선택하고 <열기> 단추를 클릭해요.

❸ [도구] 탭-[번역(🅰)]-[번역 언어 선택]을 클릭해요. 오른쪽의 번역창을 확인해요.

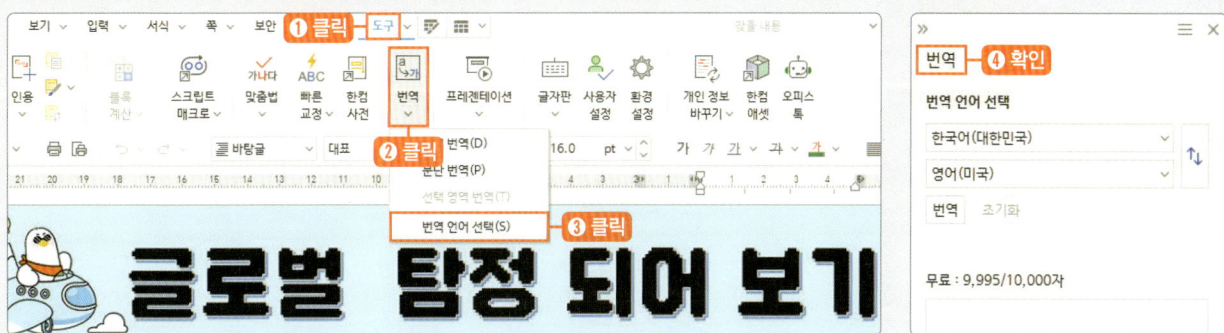

❹ 중국 인사말로 번역하기 위해 '안녕하세요'를 마우스로 드래그해요.

❺ 번역 언어 선택을 '중국어'로 변경하고 <번역> 단추를 클릭해요.

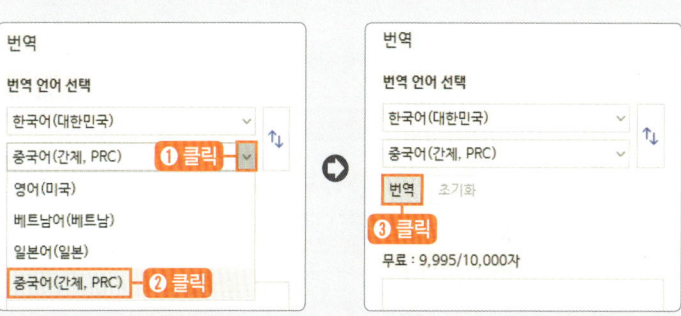

❻ '~계속할까요?'를 물어보는 메시지창에서 <번역> 단추를 클릭해요.

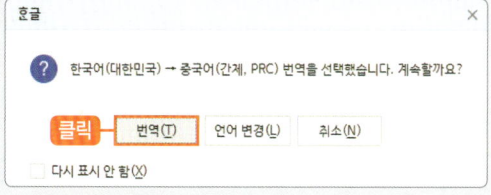

❼ 번역된 글자를 선택하고 덮어쓰기를 클릭한 후, 중국어로 변경된 글자를 확인해요.

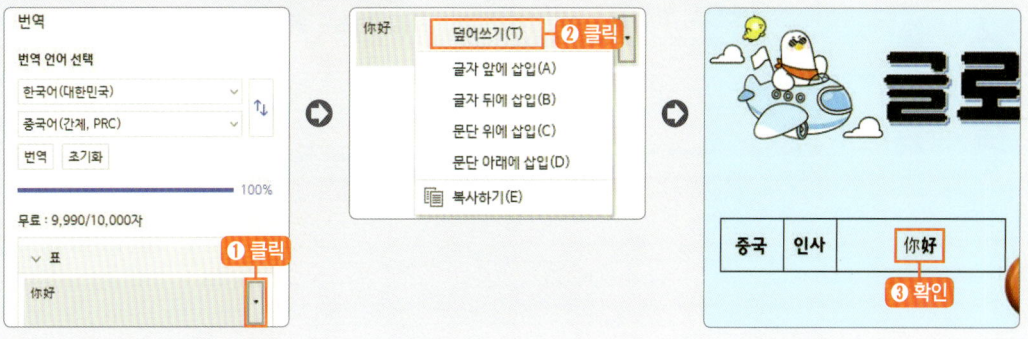

⑧ 같은 방법으로 미국의 '안녕하세요' 글자를 마우스로 드래그한 후, 언어를 변경하고 <번역> 단추를 클릭해요.

⑨ 번역된 글자를 선택하고 덮어쓰기를 클릭한 후, 영어로 변경된 글자를 확인해요.

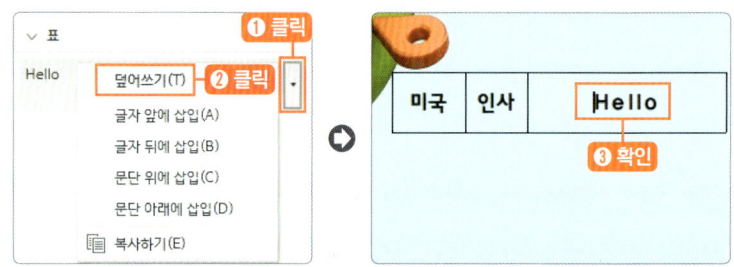

⑩ 같은 방법으로 베트남어, 일본어로 변경해서 완성해요.

**나라별 그림을 삽입하여서 꾸며보아요.**

① [입력] 탭-[그림]을 클릭해요. 이어서, [불러올 파일]-[CHAPTER 15]-'미국.png' 파일을 선택하고 <열기> 단추를 클릭한 다음 미국 위치에 드래그해서 입력해요.

② 같은 방법으로 그림을 올바른 위치에 입력해 보아요.

③ 완성된 작품을 확인하고 [내 이름] 폴더에 '글로벌 탐정(완성)'으로 입력한 다음 <저장> 단추를 클릭해요.

# CHAPTER 15 스스로 뚝딱뚝딱!

📁 불러올 파일 : 글로벌 탐정 미션.hwpx
📁 완성된 파일 : 글로벌 탐정 미션(완성).hwpx

## 01 글로벌 탐정이 되어 보아요.

- '맛있어요' 글자를 드래그하여 나라별로 번역해요.
- '감사합니다.' 글자를 드래그하여 나라별로 번역해요.

## 02 학습 게임으로 타자 실력 UP

혼자하는 타자 게임 또는 친구들과 대전 게임으로 승부를 겨루어 보아요.

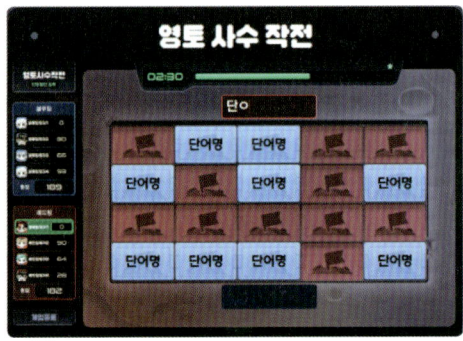

# 알아두면 좋은 컴퓨터 상식

## CHAPTER 16 — 내 맘대로 해결사 되기!

지난 세 개의 차시에서 배운 내용으로 스스로 해결해 볼까?

■ 불러올 파일 : 탐정 뱃지.hwpx    ■ 완성된 파일 : 탐정 뱃지(완성).hwpx

오늘은 지난 세 개의 차시에서 배운 내용으로 하나의 작품을 만들어 볼거에요. 오른쪽 페이지를 참고해서 스스로 해결해 보고 어려운 부분은 손을 들어주세요.

■ **이렇게 만들어 보아요.** (아래 지시사항과 힌트를 보면서 스스로 해결해 보아요.)

## 01 내 맘대로 사고력으로 문제해결능력 UP

- '이름 : ' 옆에 자신의 이름을 입력해요.
- **번역하기** : 입력한 이름을 드래그하고 [도구]-[번역]-[번역 언어 번역]을 클릭한 후, 영어로 변경하고 <번역> 단추를 클릭하고 덮어쓰기 해요.
- **번역하기** : '탐정' 단어를 영어로 번역하여 덮어쓰기 해요.
  '무엇이든 해결해 드립니다'를 영어로 번역하여 덮어쓰기 해요.
- **[입력] 탭-[그림]** : [불러올 파일]-[CHAPTER 16]-'탐정 여자1.png'를 선택하고 탐정 그림을 삽입해요.
- **[입력] 탭-[그림]** : [불러올 파일]-[CHAPTER 16]-'탐정 뱃지1.png'를 선택하고 뱃지 그림을 삽입해요.
- **[입력] 탭-[글상자]** : '꾸러기 탐정단'을 입력하고 글자 크기(32pt), 글꼴(한컴 윤고딕250), 글자 색을 자유롭게 변경해요.
- **[입력] 탭-[그림]** : [불러올 파일]-[CHAPTER 16]-'보석1.png'를 선택하고 뱃지안에 그림을 삽입해서 꾸며요.

# 알아두면 좋은 컴퓨터 상식

# CHAPTER 17 잠자는 뇌를 깨우는 5분 스트레칭

**4분** K마블 타자연습으로 잠자는 손가락을 깨워요^^     평균 타수 :

연습하고 싶은 학습 게임을 선택해서 연습해 보아요.

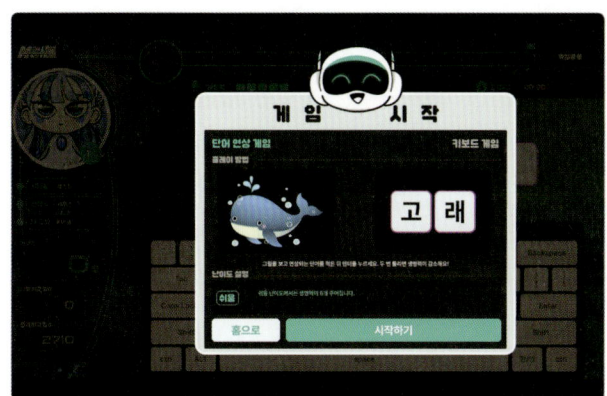

**1분** 넌센스 퀴즈로 잠자는 뇌를 깨워요^^

과일대신 숫자로 변경해서 더하기 답을 찾아서 입력해 보아요.

🍏=4　🥕=6　🍓=2　🍋=8

🍓 + 🥕 + 🍏 = ☐

🍋 + 🍓 − 🍏 = ☐

🍏 − 🍓 + 🥕 = ☐

# CHAPTER 17 용의자를 액자에 넣어서 추적하자

**이런걸 배워요!**
- 용의자의 그림을 액자 크기에 맞게 입력할 수 있어요.
- 용의자의 그림을 액자에 맞도록 회전할 수 있어요.

📂 불러올 파일 : 용의자를 추적하자.hwpx   📁 완성된 파일 : 용의자를 추적하자(완성).hwpx

사건 용의자들을 한눈에 보고 추적할 수 있는 지도 같아. 어떻게 만들었어?

용의자의 얼굴을 찾아서 액자에 맞도록 크기를 조절하고 회전도 해보았어. 과연 범인은 누굴까?

## 01 그림을 액자 크기에 맞도록 삽입해요.

① 한글 2022 실행 후, [내 컴퓨터에서 불러오기]를 클릭해요.

② [불러올 파일]-[CHAPTER 17]-'용의자를 추적하자.hwpx' 파일을 선택하고 <열기> 단추를 클릭해요.

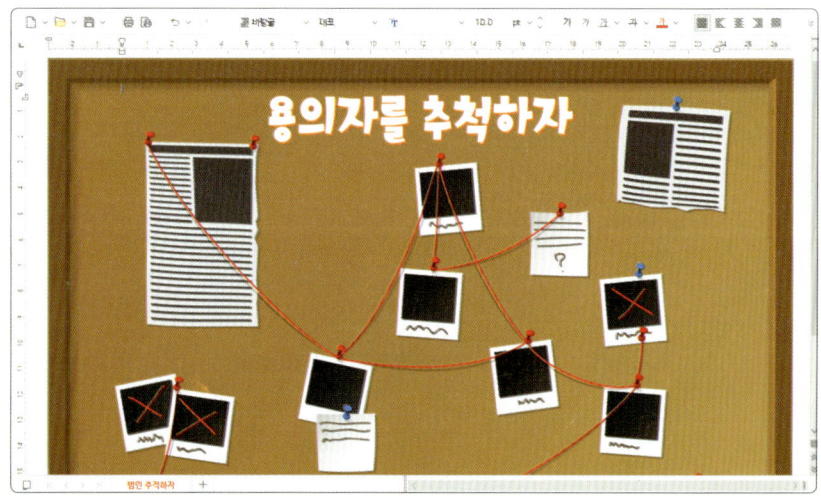

❸ [입력] 탭-[그림]을 클릭한 후, [불러올 파일]-[CHAPTER 17]-[용의자 사진]-'용의자1.jpg'를 선택하고 <열기> 단추를 클릭해요. 이어서, 드래그하여 왼쪽의 맨 위 액자에 드래그하여 입력해요.

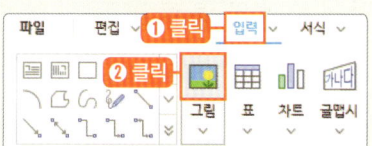
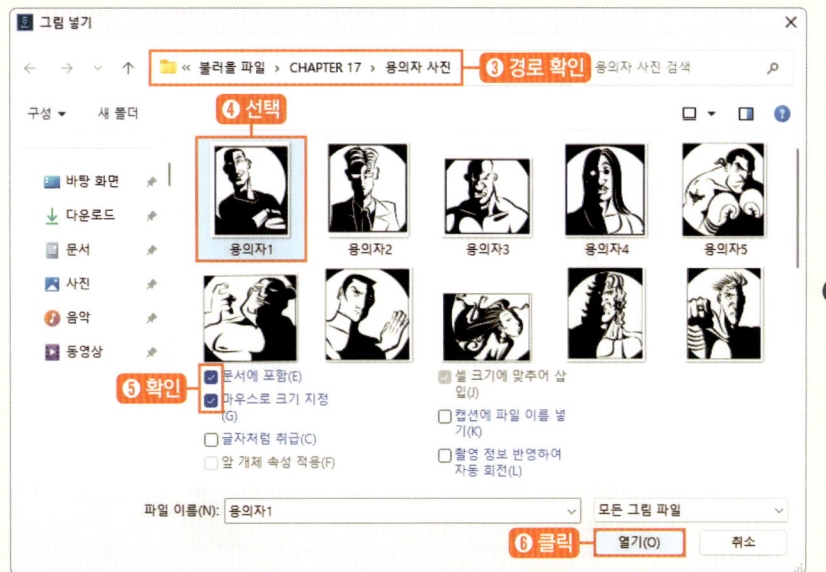

## 02 그림을 액자에 삽입하고 회전해서 만들어 보아요.

❶ [입력] 탭-[그림]을 클릭한 후, [불러올 파일]-[CHAPTER 17]-[용의자 사진]-'용의자2.jpg'를 선택하고 <열기> 단추를 클릭해요. 이어서, 드래그하여 오른쪽 맨 위 액자에 삽입해요.

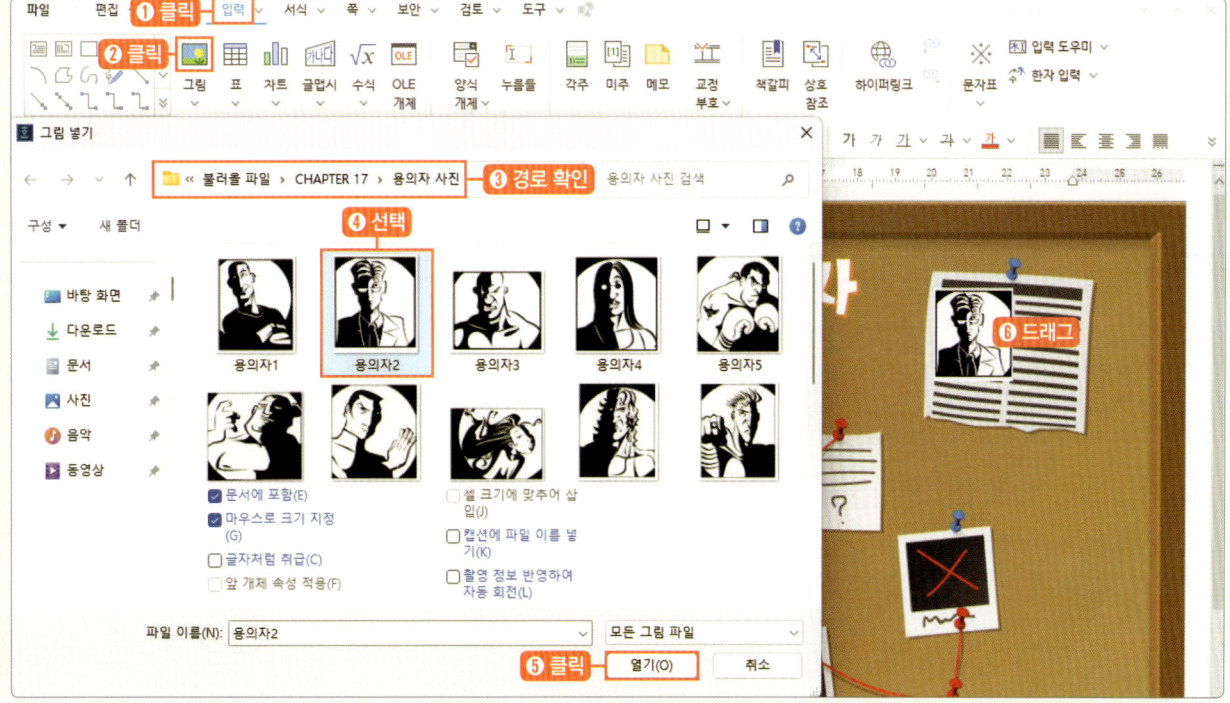

17 · 용의자를 액자에 넣어서 추척하자

❷ 오른쪽에 삽입한 '용의자2.jpg' 사진을 선택하고 [그림( )] 탭-[회전]-[개체 회전]을 클릭해요.

❸ 연두색 동그라미에 마우스 포인터를 위치 시키면 회전 도구로 변경돼요. 이어서, 그림을 액자에 맞도록 회전해서 완성해 보아요.

❹ 같은 방법으로 '용의자3.jpg' 사진을 선택하고 <열기> 단추를 클릭한 후, 액자에 용의자 그림을 삽입하고 크기를 조절해요. 이어서, 액자 틀에 맞춰서 회전해요.

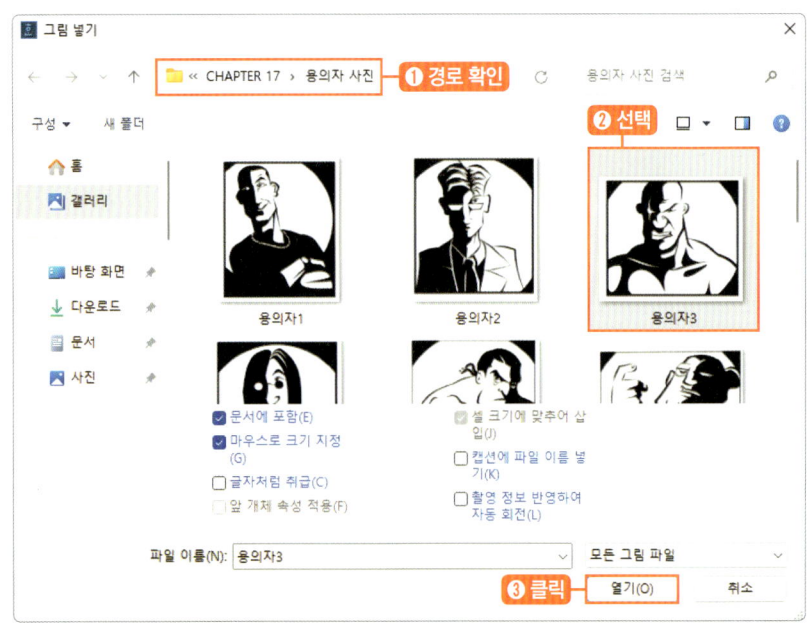

❺ 나머지 용의자 사진들을 삽입하고 크기 조절 및 회전을 하여서 아래 그림과 같이 완성해요.

❻ 완성된 작품을 확인하고 [내 이름] 폴더에 '용의자를 추적하자(완성)'으로 입력한 다음 <저장> 단추를 클릭해요.

## CHAPTER 17 ▶ 스스로 뚝딱뚝딱!

### 01 범인의 방에 물건들을 확인해요

- 아래 그림과 같이 방의 물건들을 움직여서 올바르게 위치시켜요.
- 그림의 오른쪽과 왼쪽이 바뀌어졌어요. 올바르게 회전해요.

※ [그림( )] 탭-[회전]-[좌우대칭( )]을 실행해서 완성해요.

### 02 학습 게임으로 타자 실력 UP

혼자하는 타자 게임 또는 친구들과 대전 게임으로 승부를 겨루어 보아요.

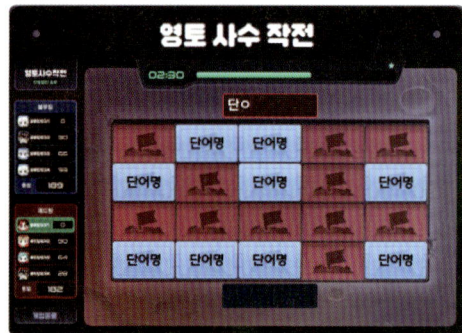

# CHAPTER 18 잠자는 뇌를 깨우는 5분 스트레칭

**4분** K마블 타자연습으로 잠자는 손가락을 깨워요^^   평균 타수 :

연습하고 싶은 학습 게임을 선택해서 연습해 보아요.

**1분** 넌센스 퀴즈로 잠자는 뇌를 깨워요^^

나비의 올바른 모습을 찾아서 선을 연결해 주세요.

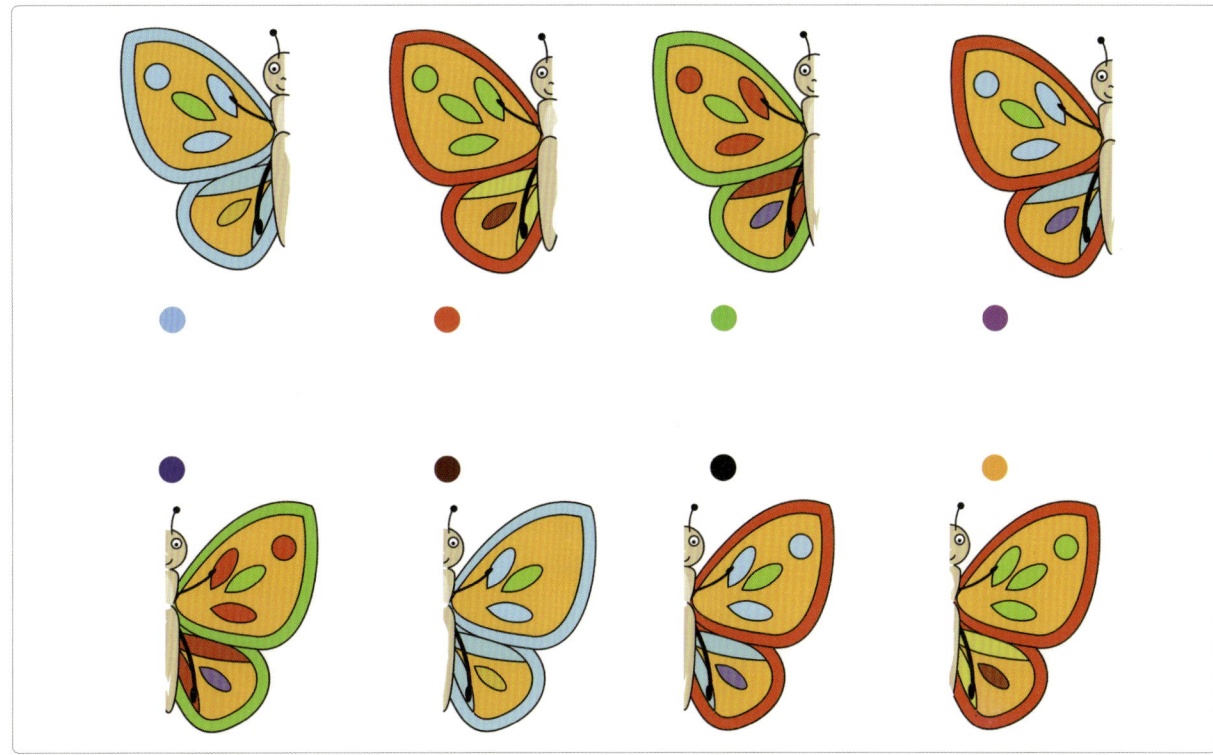

# CHAPTER 18 용의자 얼굴을 만들어 보아요

**이런 걸 배워요!**
- 그림을 삽입해요.
- 투명효과를 넣어서 얼굴을 완성해요.

■ 불러올 파일 : 용의자 얼굴.hwpx   ■ 완성된 파일 : 용의자 얼굴(완성).hwpx

드디어 범인이 나타난 거야? 어떻게 생겼을까?

다양한 범인들이 있어. 과연 누가 진짜일까? 어떻게 생겼는지 얼굴을 같이 완성해 보자

## 01 그림을 삽입하고 투명 효과를 넣어요.

❶ 한글 2022 실행 후, [내 컴퓨터에서 불러오기]를 클릭해요.

❷ [불러올 파일]-[CHAPTER 18]-'용의자 얼굴.hwpx' 파일을 선택하고 <열기> 단추를 클릭해요.

❸ 용의자의 눈, 코, 입을 만들기 위해 [입력] 탭-[그림]을 클릭해요.

❹ [불러올 파일]-[CHAPTER 18]-[눈,코,입-이미지]-'눈코입1.jpg'를 선택하고 <열기> 단추를 클릭해요.

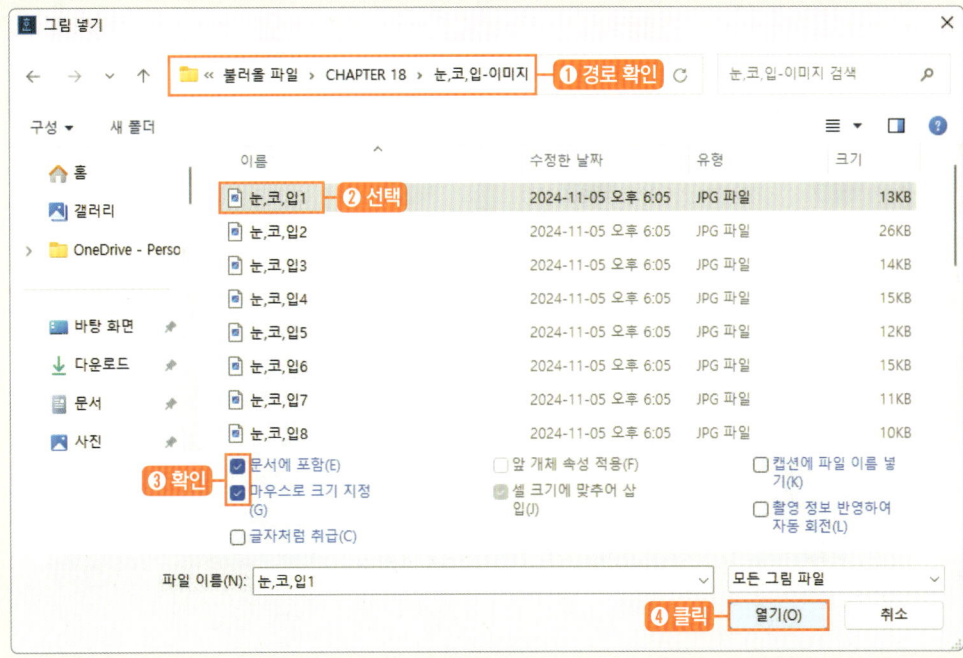

❺ 드래그하여 얼굴안에 그림을 삽입해요.

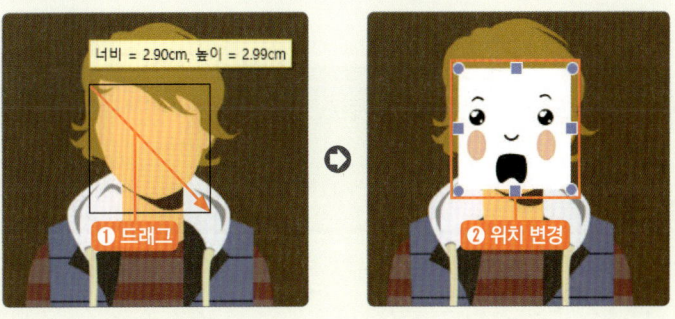

## 02 사진 편집을 사용해서 눈, 코, 입의 배경을 투명하게 만들어요.

❶ '눈,코,입1.jpg' 그림을 선택하고 [그림] 탭-[사진 편집]을 클릭해요.

❷ 사진 편집기 창에서 [투명 효과]를 클릭해요.

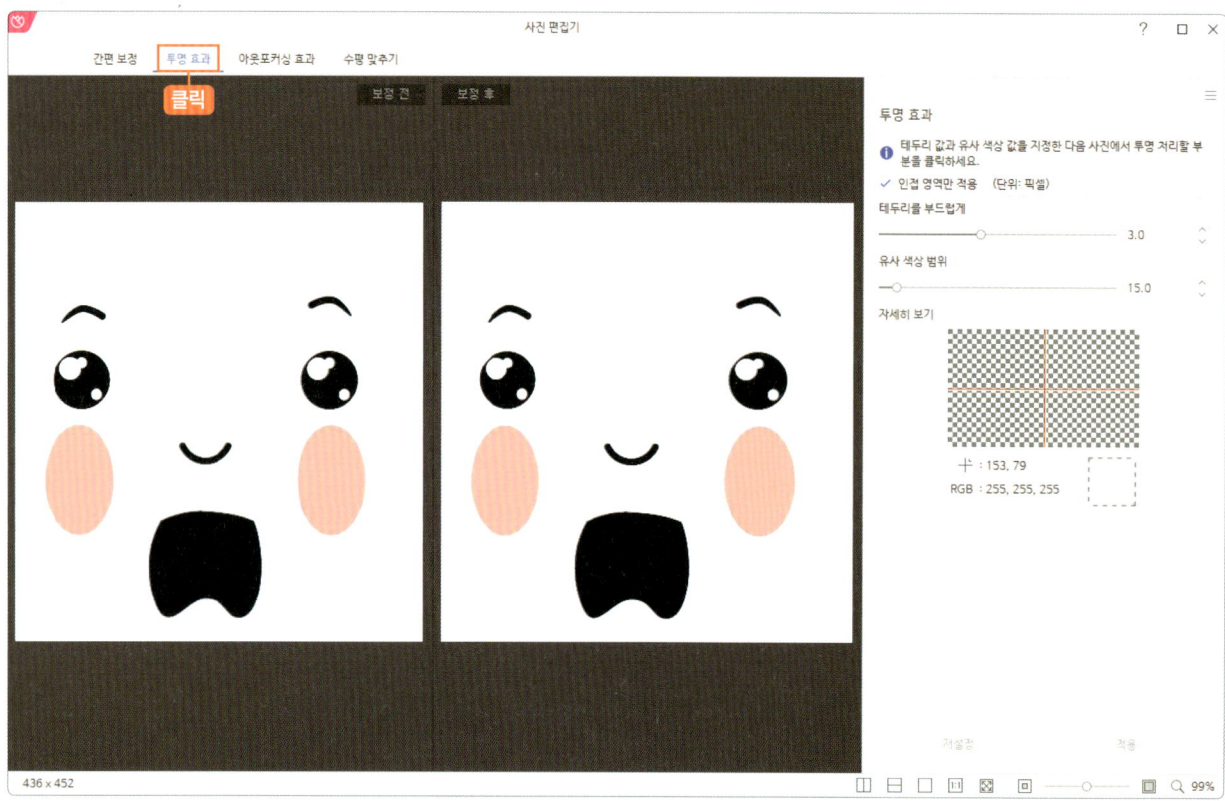

❸ 이어서, 오른쪽의 '보정 후' 그림의 흰색 부분을 선택하여 흰색이 투명으로 변경된 부분을 확인하고 <적용> 단추를 클릭해요.

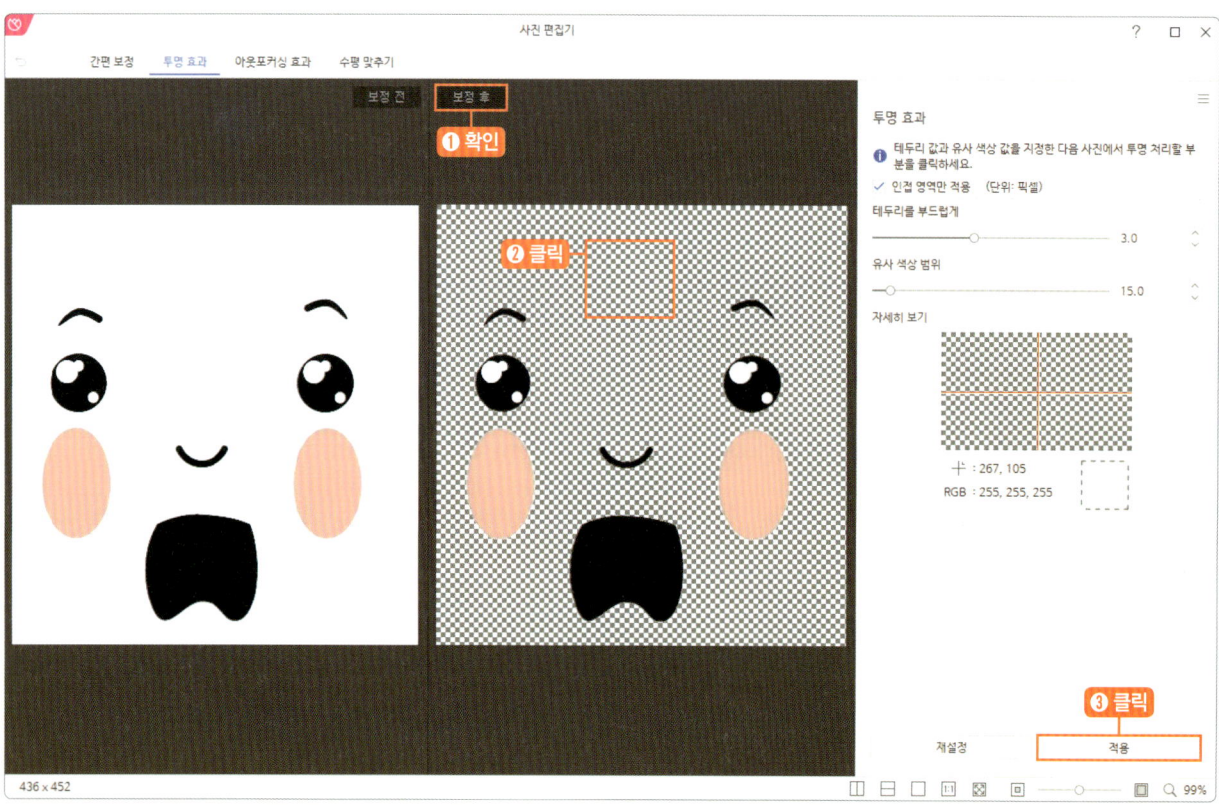

④ 그림의 크기를 얼굴에 맞게 조절해요.

⑤ [입력] 탭-[그림]-'눈,코,입2.jpg'를 선택하고 <열기> 단추를 클릭한 다음 드래그하여 입력해요.

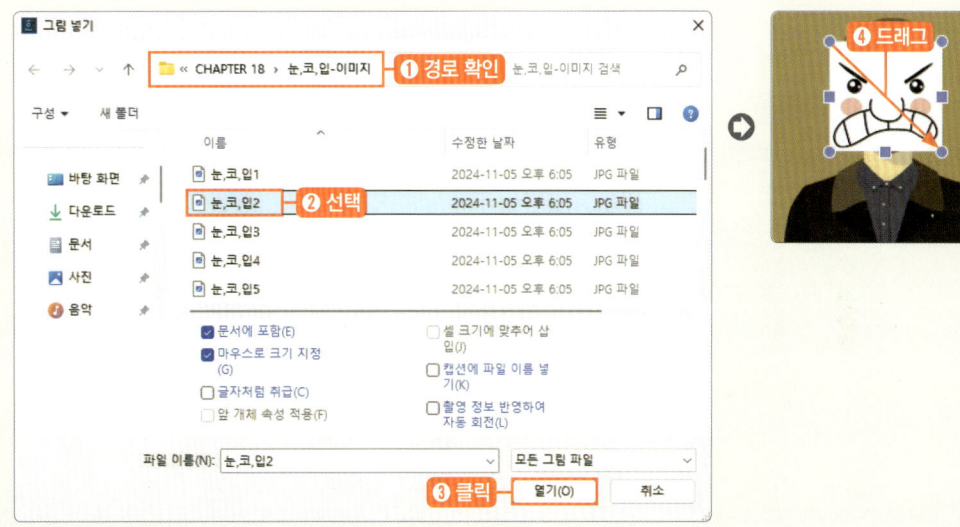

⑥ 이어서, [그림] 탭-[사진 편집]을 클릭하고 [투명 효과]-'보정 후' 그림의 흰색 부분을 선택하여 흰색이 투명으로 변경된 부분을 확인하고 <적용> 단추를 클릭해요.

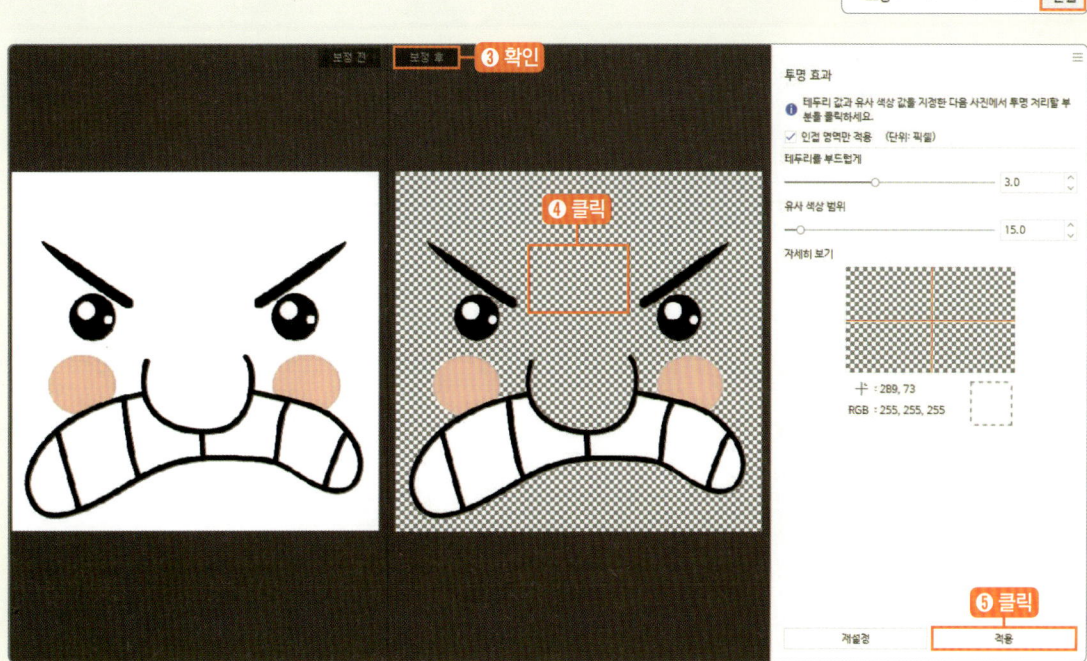

❼ 그림의 크기를 얼굴에 맞게 조절해요.

❽ 같은 방법으로 반복해서 눈, 코, 입이 없는 용의자의 얼굴을 완성해요.

❾ 완성된 작품을 확인하고 [내 이름] 폴더에 '용의자 얼굴(완성)'으로 입력한 다음 <저장> 단추를 클릭해요.

# CHAPTER 18 ▶ 스스로 뚝딱뚝딱!

📁 불러올 파일 : 나의 감정 스티커.hwpx
📁 완성된 파일 : 나의 감정 스티커(완성).hwpx

## 01  나의 감정 스티커 만들기

- [불러올 파일]-[CHAPTER 18]-[감정_이미지] 폴더 안에서 원하는 그림을 삽입하고 크기를 조절해요.
- [그림]-[사진 편집기]-[투명 효과]를 적용하여 배경을 투명하게 만들어요.

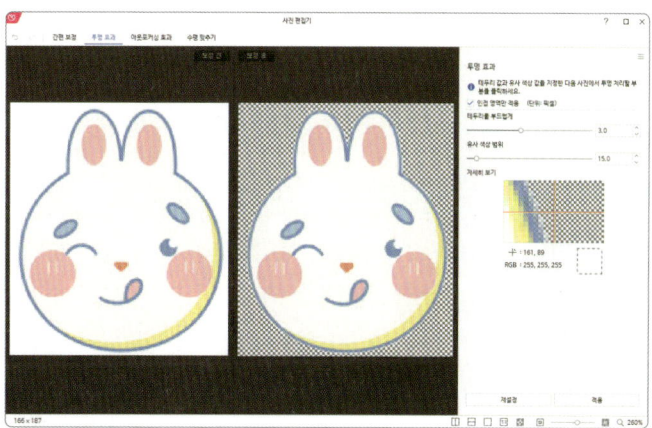

## 02  학습 게임으로 타자 실력 UP

혼자하는 타자 게임 또는 친구들과 대전 게임으로 승부를 겨루어 보아요.

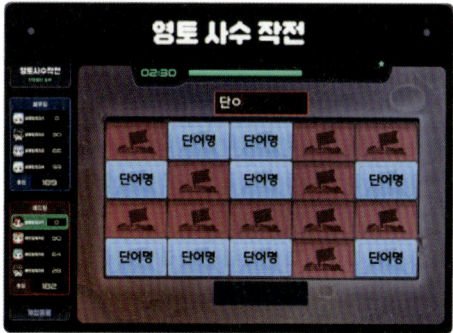

# 알아두면 좋은 컴퓨터 상식

- 나 대신 아바타를 만들어 학교도 갈 수 있을까?
- 그럼 친구들 모두 아바타야?
- 자 오늘부터는 가상의 세계인 메타버스를 배울 거예요.
- 메타버스? 새로 생긴 버스에요?

- 메타(Meta)는 가상이란 뜻을 가진 단어고...
- 버스는 유니버스(uniVerse)의 줄인 말로 세계, 우주라는 뜻이에요!

- 이를 합쳐서 가상세계

- 즉, '메타버스' 라고 해요!
- 여기서 문제! 그렇다면 메타버스는 어디에 있을까요?
- 음~ 마을버스는 우리 집 앞으로 지나가요!

- ㅠ 가상세계 즉, 메타버스는 인터넷 안에 만들어진 마을, 회사, 학교 등의 가상 세계랍니다.
- 대표적인 메타버스에는 젭, 로블록스 등이 있답니다!

# CHAPTER 19 잠자는 뇌를 깨우는 5분 스트레칭

**4분** K마블 타자연습으로 잠자는 손가락을 깨워요^^　　평균 타수 :

연습하고 싶은 학습 게임을 선택해서 연습해 보아요.

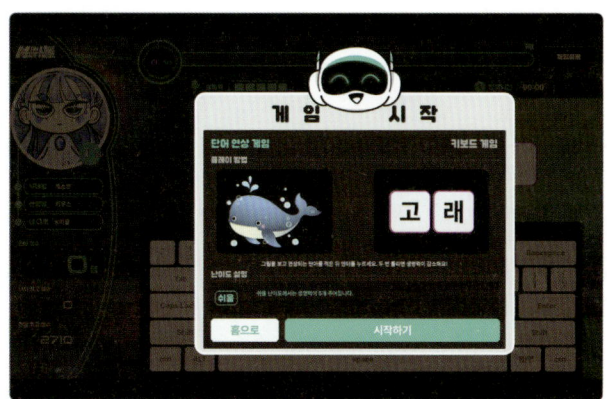

**1분** 넌센스 퀴즈로 잠자는 뇌를 깨워요^^

번호 순서대로 연결해서 예쁜 캐릭터를 완성해요.

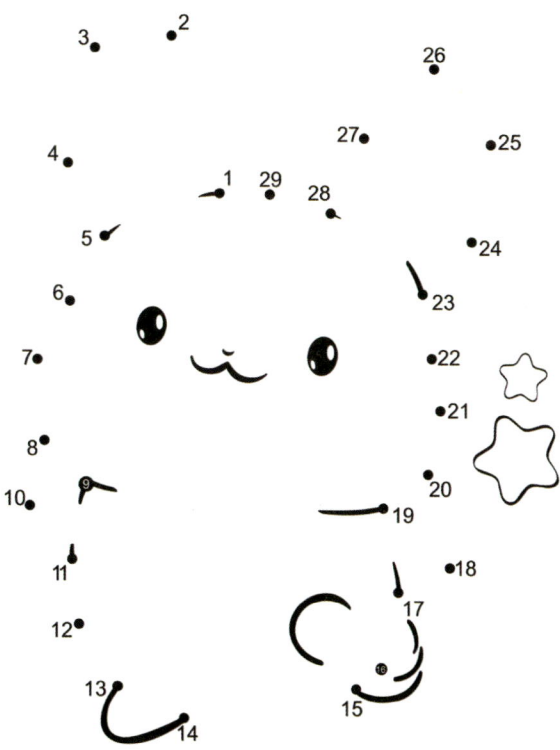

# CHAPTER 19 지문을 만들어요

**이런걸 배워요!**
- 도형 윤곽선의 선 굵기 변경할 수 있어요.
- 도형 윤곽선의 선 색을 변경할 수 있어요.

■ 불러올 파일 : 지문을 만들어요.hwpx   ■ 완성된 파일 : 지문을 만들어요(완성).hwpx

## 01 자유선으로 지문을 그려 넣고 굵기 변경하기

❶ 한글 2022 실행 후, [새 문서]-[불러오기]를 클릭해요.

❷ [불러올 파일]-[CHAPTER 19]-'지문을 만들어요.hwpx' 파일을 선택하고 <열기> 단추를 클릭해요.

❸ [입력] 탭-'자유선( )'을 클릭한 후, 배경 지문을 따라 드래그하여 입력해요.

> **TIP**
> ■ 클릭된 자유선이 해제되지 않도록 주의해 주세요. 만약 해제되면 다시 선택해요.

❹ 이어서, [도형] 탭-[도형 윤곽선]의 목록 단추( )를 선택하고 [선 굵기]-'2mm'를 클릭해요.

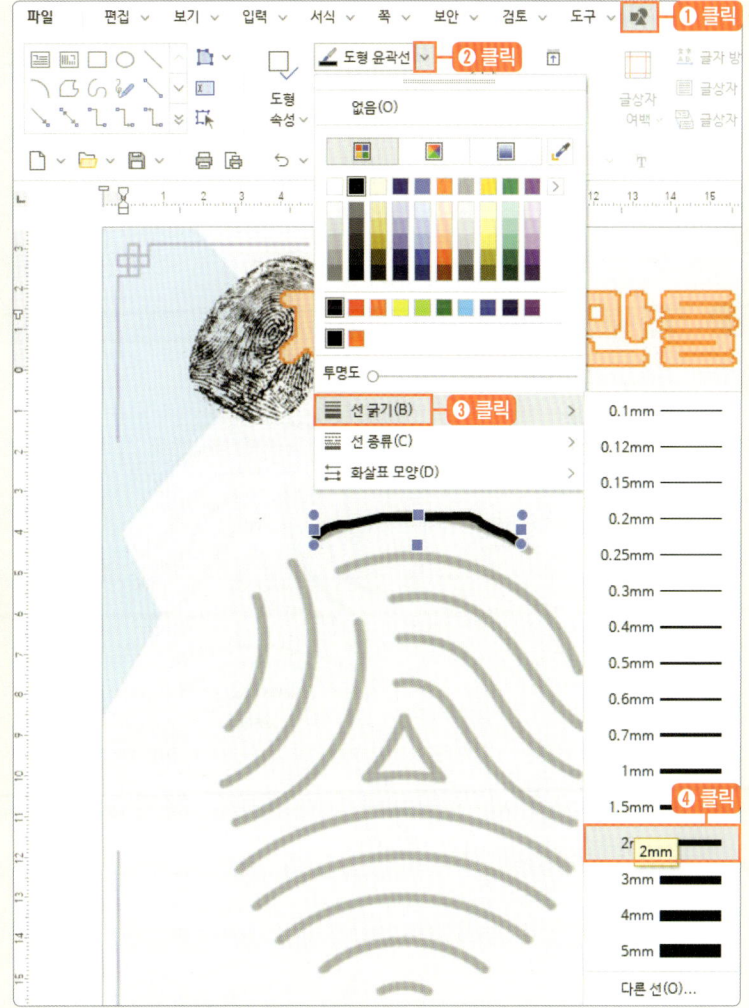

⑤ 다시 같은 방법으로 [입력] 탭-'자유선'()을 클릭한 후, 지문을 따라서 드래그해서 입력해요. 이어서, [도형] 탭-[도형 윤곽선]의 목록 단추(˅)를 선택하고 [선 굵기]-'2mm'를 클릭을 반복해요. 전체 지문을 다 그렸다면 키보드의 Esc 키를 눌러요.

**TIP**
- 만약 실수로 자유선을 잘못 그렸다면 [서식 도구 상자]-되돌리기(↶)를 클릭해요.

## 02 지문의 색상을 변경해요.

① 자유선(✏️)으로 그려 입력된 지문을 클릭해요. 이어서, [도형] 탭-[도형 윤곽선]의 목록 단추(˅)를 선택하고 '빨강'으로 클릭해요.

② 같은 방법으로 지문을 선택하고 [도형]-[도형 윤곽석]의 목록 단추(˅)를 선택한 다음 원하는 색상으로 알록달록 색상을 변경해 보아요.

## 03 오른쪽 지문도 완성해요.

❶ [입력] 탭-자유선( )을 선택한 후, 배경 지문을 따라 드래그하여 그려 보아요.
※ 지문과 똑같이 그려지지 않아도 속상해하지 마세요^^ 재미있게 지문을 그려 넣다 보면 실력이 쑥쑥 자라나요.

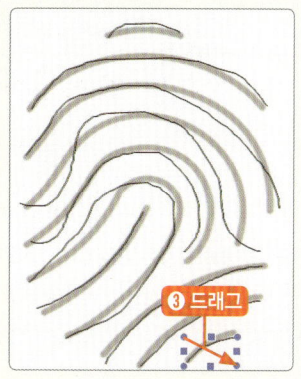

❷ 이어서, 그려진 지문을 선택한 다음 [도형] 탭-[도형 윤곽선]의 목록 단추( )를 선택하고 [선 굵기]-'2mm'를 클릭해요.

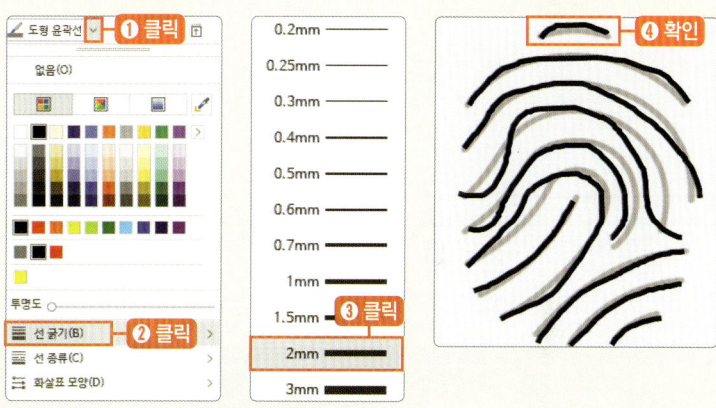

❸ 자유선( )으로 입력한 지문을 클릭된 상태에서 [도형] 탭-[도형 윤곽선]의 목록 단추( )를 선택하고 색상을 변경해요.

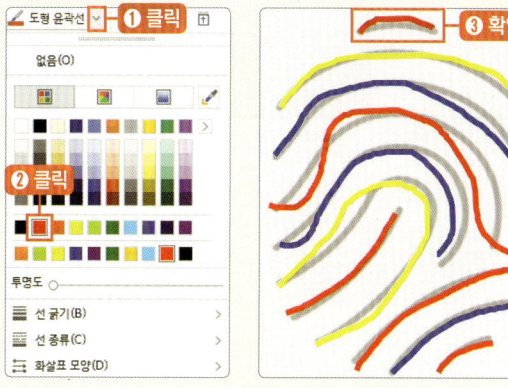

❹ 완성된 작품을 확인하고 [내 이름] 폴더에 '지문을 만들어요(완성)'으로 입력한 다음 <저장> 단추를 클릭해요.

# CHAPTER 19 스스로 뚝딱뚝딱!

📁 불러올 파일 : 선으로 캐릭터 만들기.hwpx
📁 완성된 파일 : 선으로 캐릭터 만들기(완성).hwpx

## 01 선을 그어서 캐릭터 완성하기

- [입력] 탭-자유선을 사용해요.
- 번호 순서대로 연결해서 캐릭터를 완성해요.

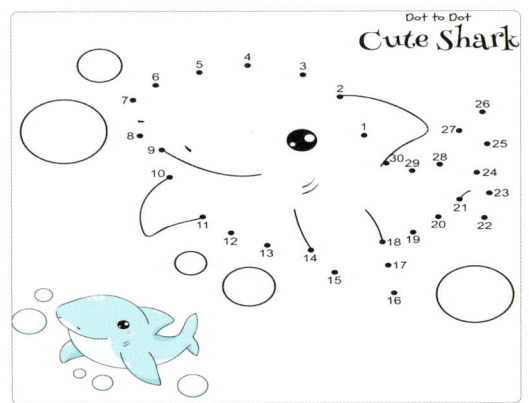 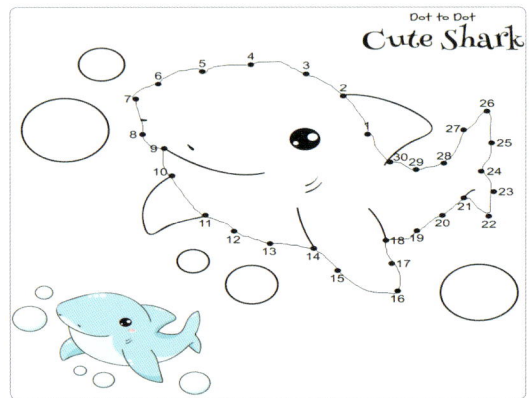

## 02 학습 게임으로 타자 실력 UP

혼자하는 타자 게임 또는 친구들과 대전 게임으로 승부를 겨루어 보아요.

 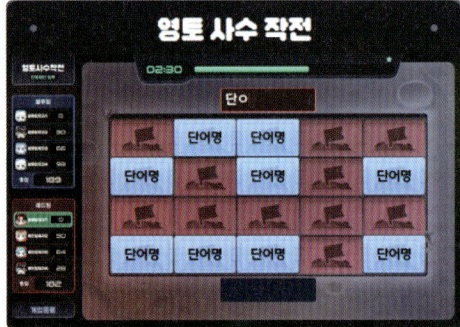

# 알아두면 좋은 컴퓨터 상식

# CHAPTER 20 내 맘대로 해결사 되기!

지난 세 개의 차시에서 배운 내용으로 스스로 해결해 볼까?

■ 불러올 파일 : 현상수배 포스터.hwpx   ■ 완성된 파일 : 현상수배 포스터(완성).hwpx

 오늘은 지난 세 개의 차시에서 배운 내용으로 하나의 작품을 만들어 볼거에요. 오른쪽 페이지를 참고해서 스스로 해결해 보고 어려운 부분은 손을 들어주세요.

■ **이렇게 만들어 보아요.** (아래 지시사항과 힌트를 보면서 스스로 해결해 보아요.)

### 01 내 맘대로 사고력으로 문제해결능력 UP

- 파일 열기 : [불러올 파일]-[CHAPTER 20]-'현상수배 포스터.hwpx' 선택하고 <열기> 단추를 클릭해요.
- 그림 삽입 : [입력] 탭-[그림( )]을 클릭 후, [불러올 파일]-[CHAPTER 20]-'눈.png', '눈썹.png', '리본.png', '수염.png', '안경.png', '입술.png', '코.png' 등의 그림을 선택하고 인상착의에 해당하는 그림을 삽입한 다음 크기를 조절해요.
- 그림 글머리표 삽입 : 인상착의 7줄의 글을 드래그한 후, [서식] 탭-[그림 글머리표]를 삽입해요.
- 글자 입력 : [입력] 탭-'가로 글상자( )'를 삽입하고 글상자 안에 '현상금 : 100,000,000원'이라고 입력해요.
- 글자 크기 변경 : '현상금 : 100,000,000원' 글자의 드래그하고 글자 크기를 '32pt' 변경해요.
- 글꼴 변경 : '현상금 : 100,000,000원' 글자의 드래그하고 글꼴을 '한컴 윤고딕 250'으로 변경해요.
- '현상금 : 100,000,000원'을 입력한 글상자를 선택하고 [도형]-[도형 채우기]-'없음' 클릭해요.
- '현상금 : 100,000,000원'을 입력한 글상자를 선택하고 [도형]-[도형 윤곽선]-'없음' 클릭해요.

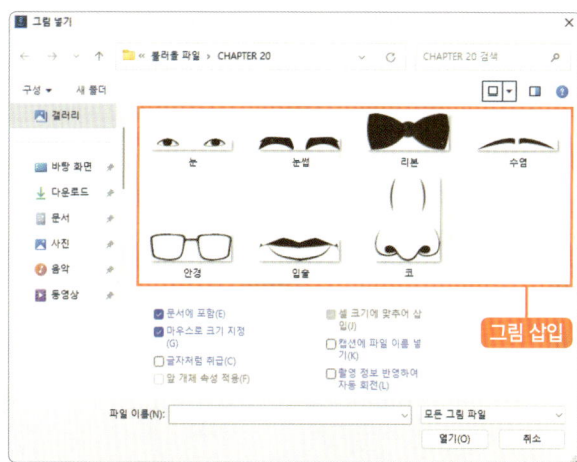

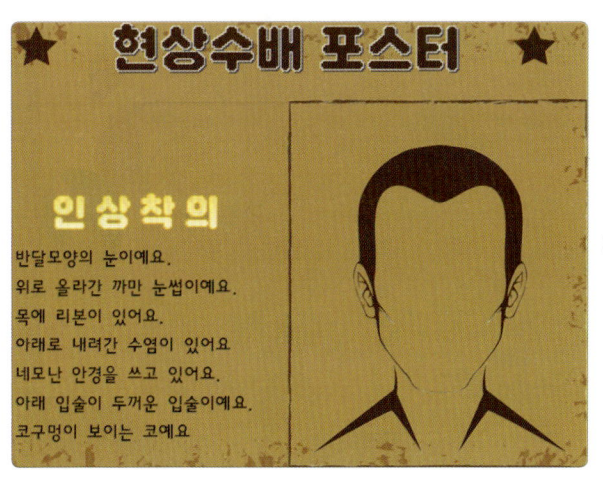 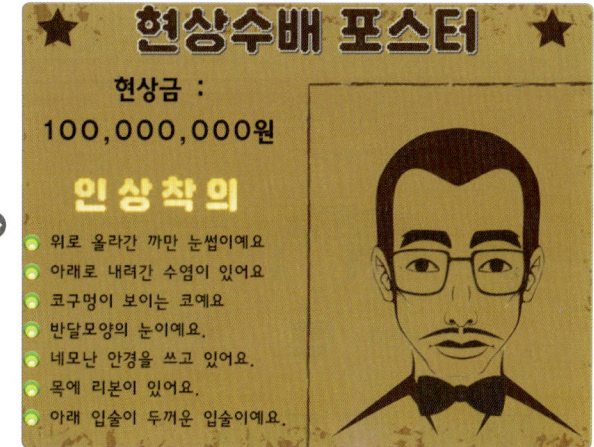

# 알아두면 좋은 컴퓨터 상식

# CHAPTER 21 잠자는 뇌를 깨우는 5분 스트레칭

수업준비하기

**4분** K마블 타자연습으로 잠자는 손가락을 깨워요^^     평균 타수 :

연습하고 싶은 학습 게임을 선택해서 연습해 보아요.

**1분** 넌센스 퀴즈로 잠자는 뇌를 깨워요^^

맛있는 케이크에 색을 칠해요.

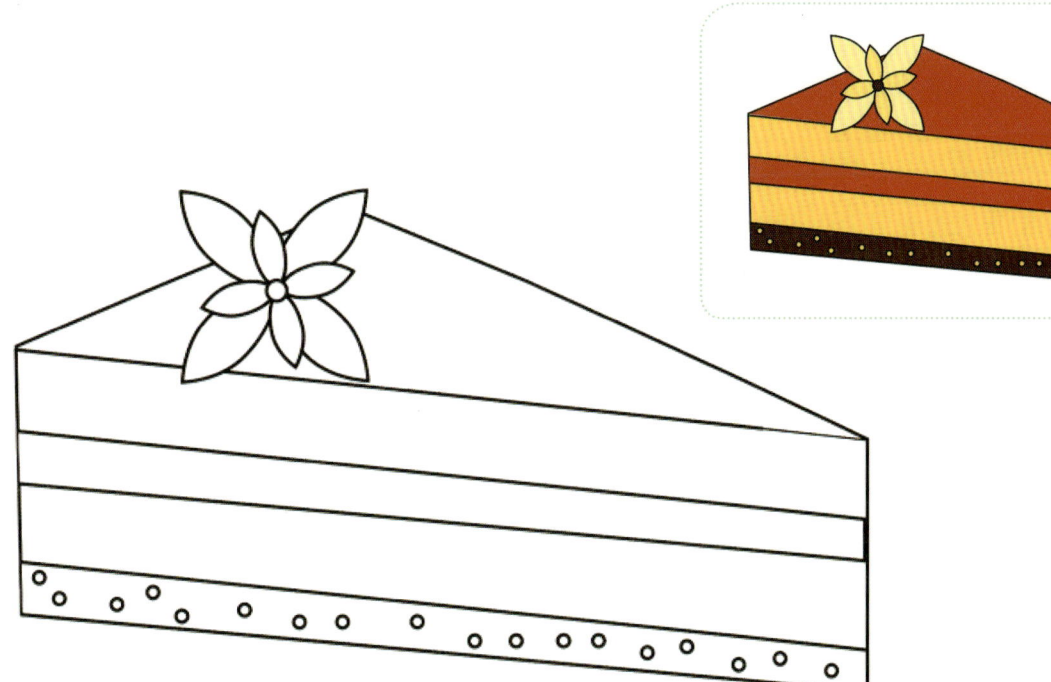

# CHAPTER 21 암호를 만들어 보아요

- 표 안에 도형을 그려 넣을 수 있어요.
- 표 안에 색상을 넣을 수 있어요.

■ 불러올 파일 : 암호글자.hwpx    ■ 완성된 파일 : 암호글자(완성).hwpx

암호들은 해독할 수 있는 암호글자들이네. 너무 신기하다.

우리만의 규칙을 만들었어. 도형의 색상도 넣고 표 안에 색상을 채워서 글자마다 알아볼 수 있는 힌트가 생겼어.

## 01 표 안에 도형을 그려 넣어 보아요.

❶ 한글 2022 실행 후, [불러올 파일]-[CHAPTER 21]-'암호글자.hwpx' 파일을 선택하고 <열기> 단추를 클릭해요.

❷ [입력] 탭-'타원' 도형을 클릭하고 첫번째 줄 두번째 칸에 드래그하여 그려 넣어요.

 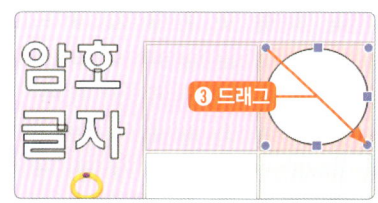

❸ [입력] 탭-'직사각형' 도형을 클릭하고 첫번째 줄 세번째 칸에 드래그하여 그려 넣어요.

 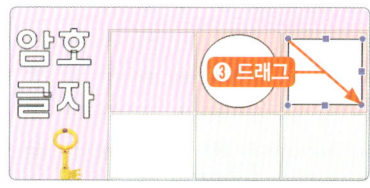

④ 첫 번째 줄 네 번째 칸에 [입력] 탭-[그림]-[그리기 마당]-[기본도형]-'이등변 삼각형'을 클릭하고 <넣기> 단추를 클릭해요. 이어서, 드래그하여 그려 넣어요.

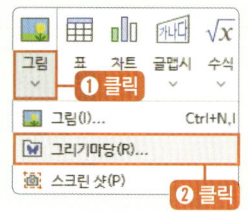
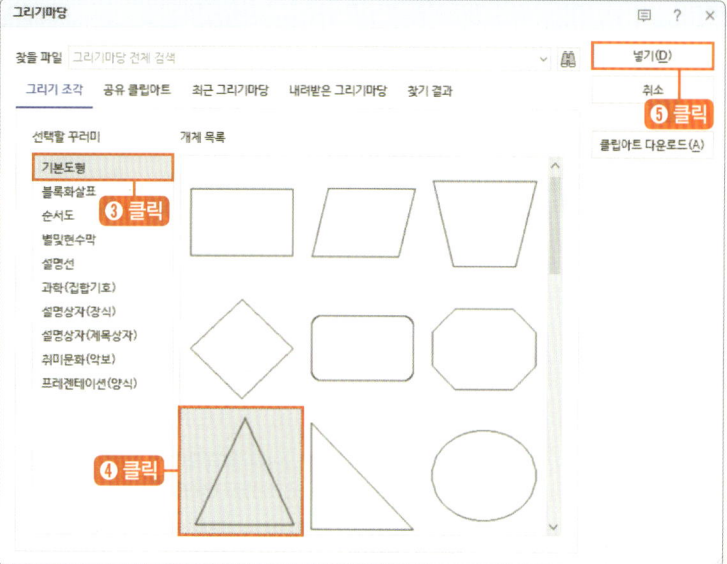

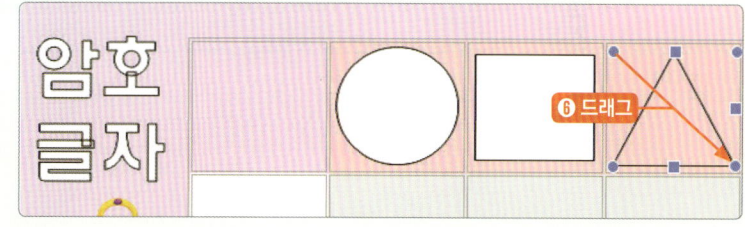

⑤ 같은 방법으로 [입력] 탭-[그림]-[그리기 마당]-[기본도형]-'다이아몬드', '하트'를 입력해서 완성해요.

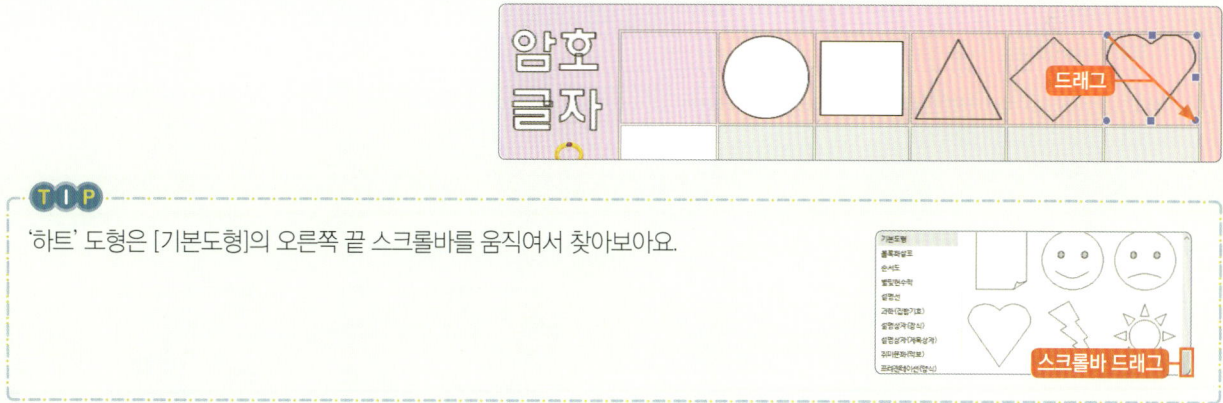

**TIP**
'하트' 도형은 [기본도형]의 오른쪽 끝 스크롤바를 움직여서 찾아보아요.

## 02 표 안에 색상을 넣어서 꾸며보아요.

① 첫 째줄 두 번째 칸을 마우스로 클릭한 후, 커서가 깜빡임을 확인해요.

21 · 암호를 만들어 보아요

❷ [표 디자인(📋)] 탭-[표 채우기]의 목록 단추(⌄)를 선택하고 '빨강'을 클릭해요.

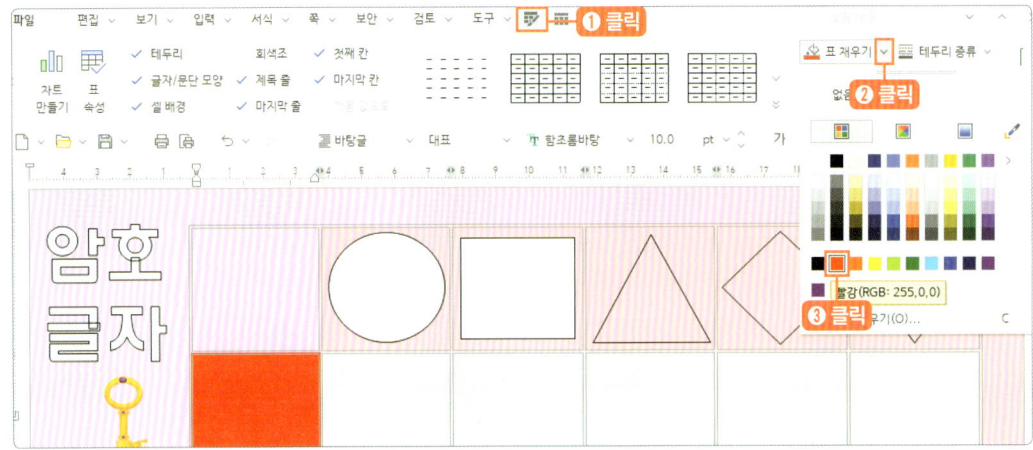

❸ 첫 째줄 세 번째 칸을 클릭하고 [표 디자인] 탭-[표 채우기]의 목록 단추(⌄)를 선택하고 '노랑'을 클릭해요.

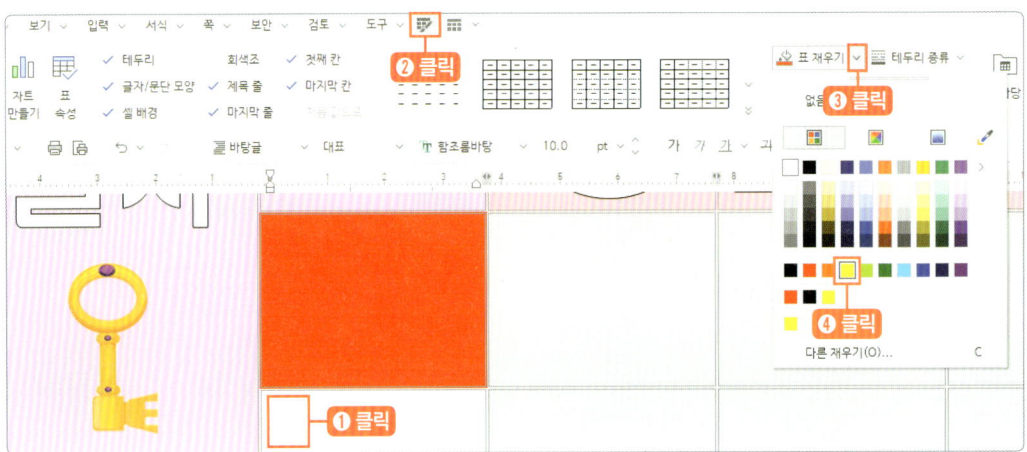

❹ 같은 방법으로 차례대로 색상을 변경해서 완성해요. 이어서, 그림과 같이 글자를 입력해요.

❺ 완성된 작품을 확인하고 [내 이름] 폴더에 '암호글자(완성)'으로 입력한 다음 <저장> 단추를 클릭해요.

CHAPTER **21** 스스로 뚝딱뚝딱!

📁 불러올 파일 : 암호글자 미션.hwpx   📁 완성된 파일 : 암호글자 미션(완성).hwpx

### 01 암호 글자를 완성해요.

- 열쇠 그림을 첫 번째 줄 첫 번째 칸에 이동하고 크기를 변경해요.
- 도형을 클릭한 후, 도형 채우기 색상을 마음대로 변경해요.
- 완성된 작품을 확인하고 [내 이름] 폴더에 '암호글자 미션(완성)'으로 입력한 다음 <저장> 단추를 클릭해요.

 ▶

### 02 학습 게임으로 타자 실력 UP

혼자하는 타자 게임 또는 친구들과 대전 게임으로 승부를 겨루어 보아요.

 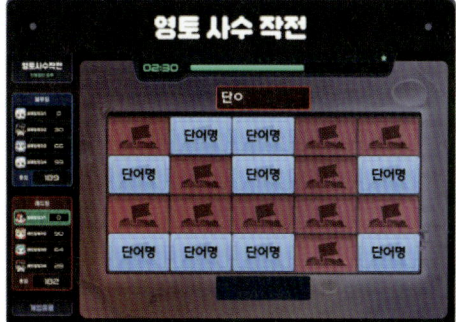

# 알아두면 좋은 컴퓨터 상식

# CHAPTER 22 잠자는 뇌를 깨우는 5분 스트레칭

**4분** K마블 타자연습으로 잠자는 손가락을 깨워요^^   평균 타수 :

연습하고 싶은 학습 게임을 선택해서 연습해 보아요.

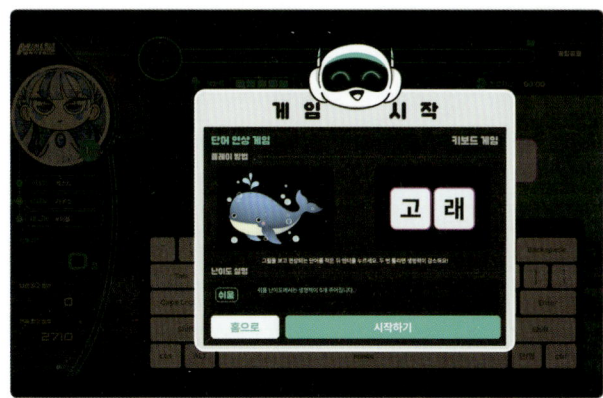 

**1분** 넌센스 퀴즈로 잠자는 뇌를 깨워요^^

그림자를 보고 맞는 그림에 줄을 이어서 연결해 보아요.

1     2     3     4     5

1     2     3     4     5

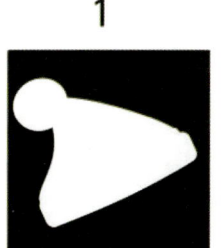

# CHAPTER 22 암호를 만들어 보아요 II

**이런걸 배워요!**
- 글자를 입력해서 한자로 변경할 수 있어요.
- Shift 키와 함께 특수문자를 입력할수 있어요.
- 수식편집기로 만들 수 있어요.

■ 불러올 파일 : 암호 해결을 위한 비밀 열쇠.hwpx   ■ 완성된 파일 : 암호 해결을 위한 비밀 열쇠(완성).hwpx

## 01 글자를 한자로 변경해요.

❶ 한글 2022 실행 후, [새 문서]-[불러오기]를 클릭해요.

❷ [불러올 파일]-[CHAPTER 22]-'암호 해결을 위한 비밀 열쇠.hwpx' 파일을 선택하고 <열기> 단추를 클릭해요.

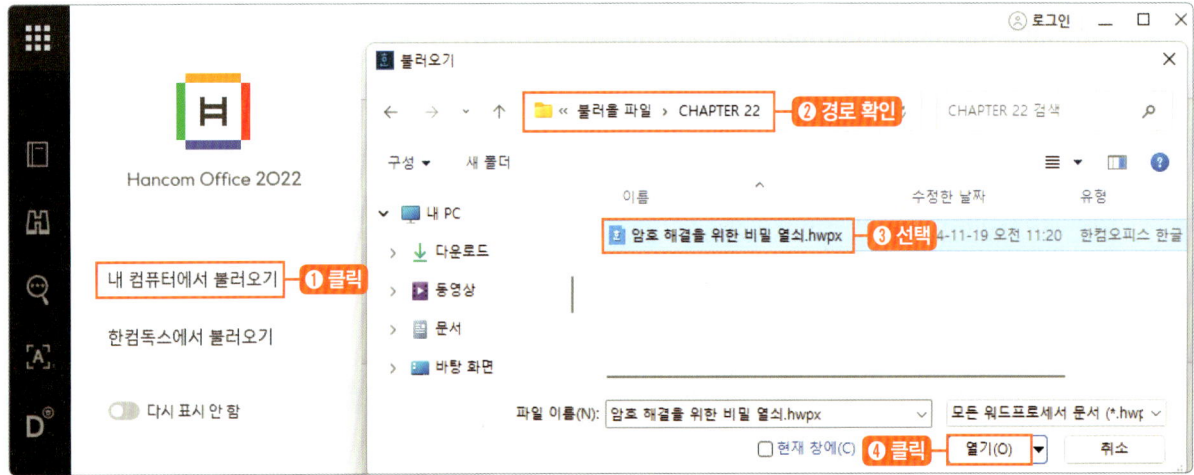

❸ 첫 번째 칸에 클릭한 후, '일' 글자를 입력해요..

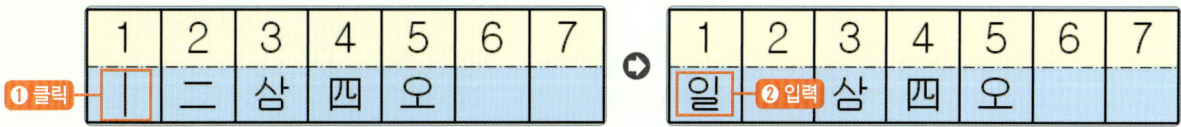

❹ '일' 글자를 드래그하고 키보드에서 한자 키를 눌러요. 이어서, '한 일'를 선택한 후, <바꾸기> 단추를 클릭해요.

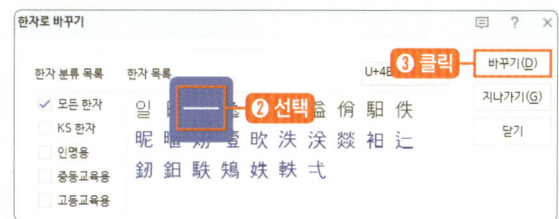

> **TIP**
> 키보드의 한자 키는 키보드의 F9 키도 같은 기능을 해요

❺ '삼' 글자를 드래그하고 키보드에서 한자 키를 눌러 '석 삼'을 선택한 후, <바꾸기> 단추을 클릭해요.

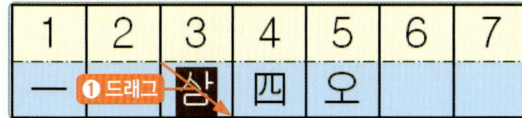
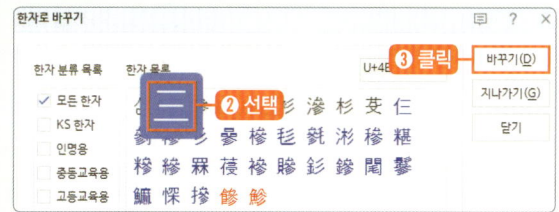

❻ 같은 방법으로 빈칸에 글자를 입력하고 키보드의 한자 키로 변경해요.

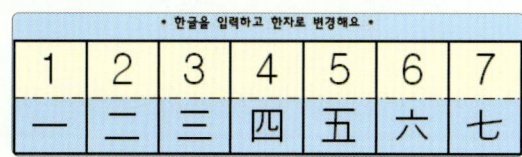

## 02 Shift 키와 함께 특수문자를 입력해요.

❶ 첫 번째 칸에 클릭한 후, Shift 키를 먼저 누르고 숫자 '2'를 눌러 특수문자 '@'를 입력해요.

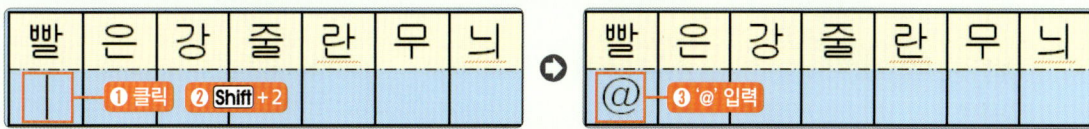

❷ 두 번째 칸에 클릭한 후, Shift 키를 먼저 누르고 숫자 '3'을 눌러 특수문자 '#'을 입력해요.

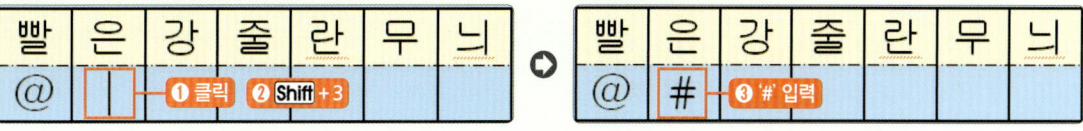

❸ 같은 방법으로 클릭한 후, Shift 키와 함께 숫자를 눌러 특수문자로 변경해요.

## 03 수식 편집기로 암호를 만들어 보아요.

❶ 첫 번째 칸에 클릭한 후, [입력] 탭-[수식($\sqrt{x}$)]을 클릭해요.

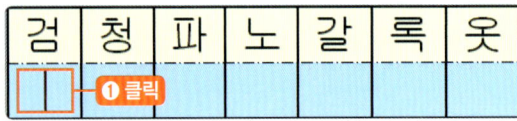

❷ 수식 편집기에서 '$\pi$' 기호를 찾아 클릭해요.

❸ 수식 기호의 크기를 '32'로 변경하고 <넣기> 단추를 클릭해요.

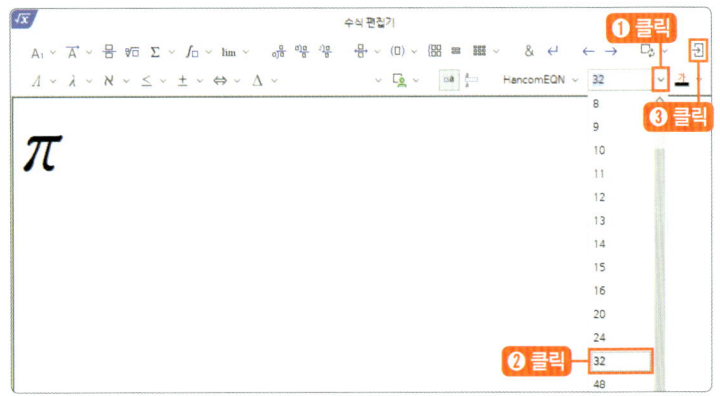

❹ 입력된 글자를 확인해요.

※ 마우스 커서의 위치가 칸에 올바르게 위치해야 삽입이 되요.

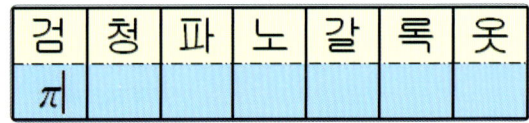

❺ 두 번째 칸에 클릭한 후, [입력] 탭-[수식]을 선택하고 '$\theta$' 기호를 찾아 삽입해요.

❻ 같은 방법으로 같은 모양의 수식 기호를 찾아 삽입해서 완성해요.

❼ 완성된 작품을 확인하고 [내 이름] 폴더에 '암호 해결을 위한 비밀 열쇠(완성)'으로 입력한 다음 <저장> 단추를 클릭해요.

# CHAPTER 22 > 스스로 뚝딱뚝딱!

📁 불러올 파일 : 키보드를 완성해요.hwpx
📁 완성된 파일 : 키보드를 완성해요(완성).hwpx

**01** 다음과 같이 빈곳에 영어를 대문자로 입력해요.

※ 대문자로 변경하려면 Caps Lock 키를 눌러요.

**02** 학습 게임으로 타자 실력 UP

혼자하는 타자 게임 또는 친구들과 대전 게임으로 승부를 겨루어 보아요.

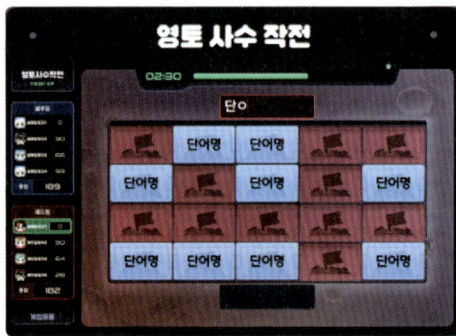

# 23 잠자는 뇌를 깨우는 5분 스트레칭

**4분** K마블 타자연습으로 잠자는 **손가락**을 깨워요^^

평균 타수 :

연습하고 싶은 학습 게임을 선택해서 연습해 보아요.

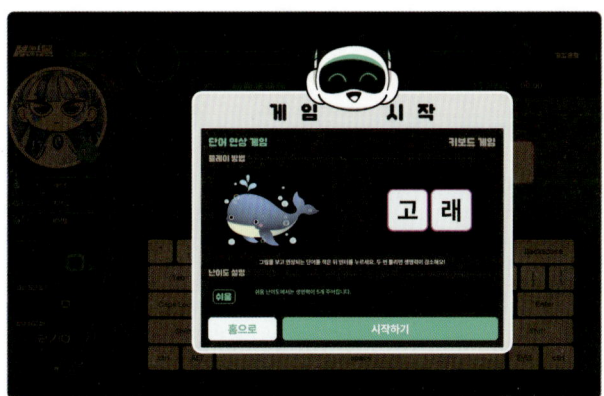

**1분** 넌센스 퀴즈로 잠자는 **뇌**를 깨워요^^

지렁이와 뱀이 꼬불꼬불 길을 지나가요. 연필로 선을 그어서 길을 완성해요.

# CHAPTER 23 암호를 해독해 보아요

- 힌트를 확인하고 암호를 해독할 수 있어요.
- 불러올 파일 : 암호를 해독해요.hwpx
- 완성된 파일 : 암호를 해독해요(완성).hwpx

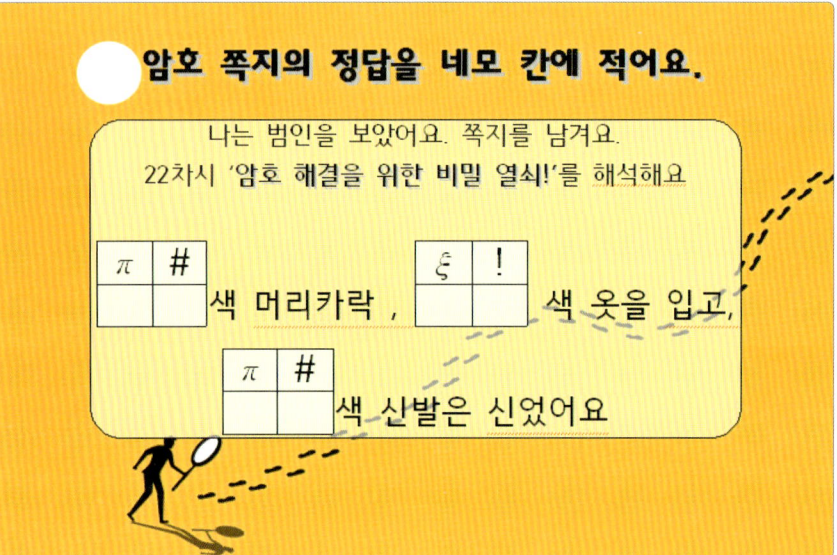

## 01 첫 번째 암호를 해독해서 범인을 찾아요.

📖 이야기를 읽어요.

❶ 한글 2022 실행 후, [새 문서]-[불러오기]를 클릭해요.

❷ [불러올 파일]-[CHAPTER 23]-'암호를 해독해요.hwpx' 파일을 선택하고 <열기> 단추를 클릭해요.

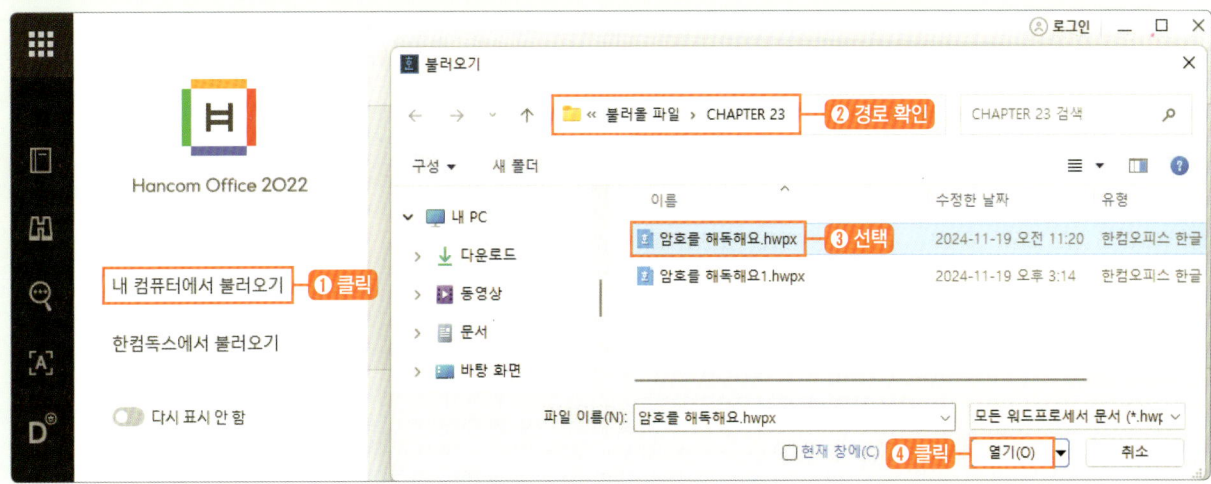

❸ 22강 암호를 확인하고 답을 네모 안에 입력해요.

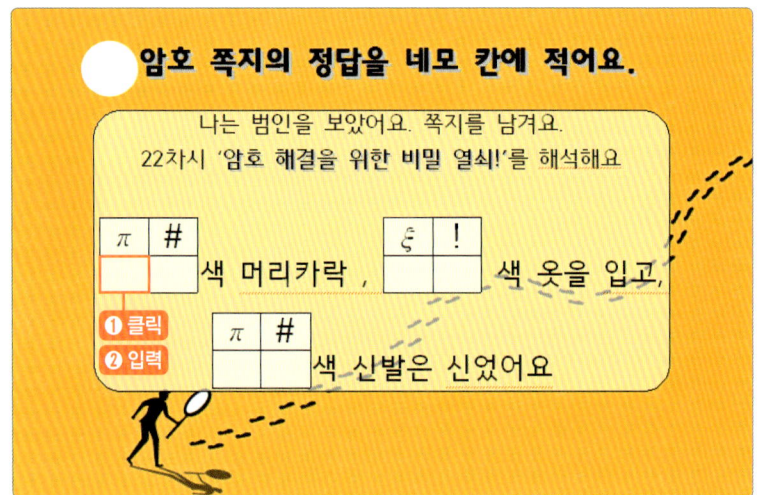

❹ 정답을 확인해요.

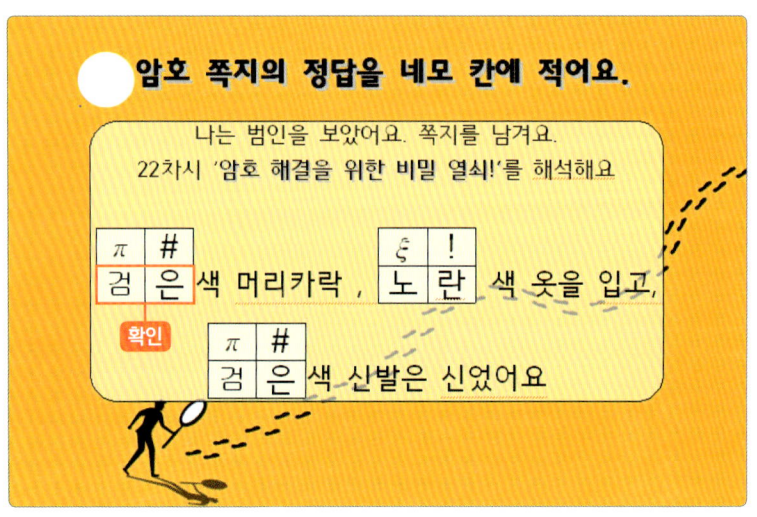

❺ 범인은 (          )번째 친구입니다.

**02** 두 번째 쪽지에 적힌 암호를 해독해서 친구와 만나기로 한 장소로 가요.

📖 이야기를 읽어요.

1. 한글 2022 실행 후, [새 문서]-[불러오기]를 클릭해요.

2. [불러올 파일]-[CHAPTER 23]-'암호를 해독해요1.hwpx' 파일을 선택하고 <열기> 단추를 클릭해요.

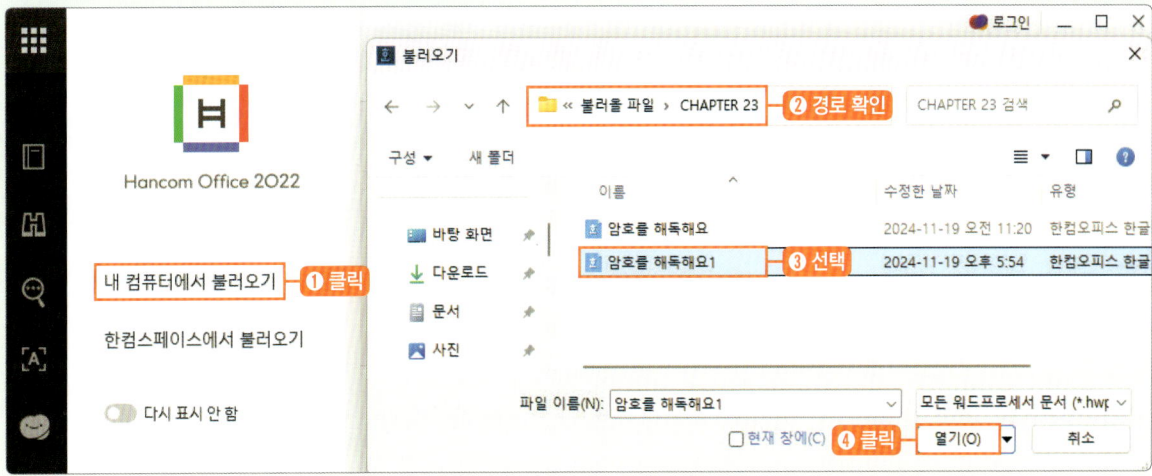

❸ 21강 암호를 확인하고 답을 네모 안에 입력해요.

❹ 정답을 확인해요.

❺ 친구와 만나서 함께 놀기로 한 장소는 (          )입니다.

# CHAPTER 23

- 불러올 파일 : 전화번호를 알아보아요.hwpx
- 완성된 파일 : 전화번호를 알아보아요(완성).hwpx

## 스스로 뚝딱뚝딱!

### 01 규칙을 찾아서 전화번호를 알아보아요.

[힌트] 글자의 첫 글자 자음의 번호를 보면 알 수 있어요.
- [입력] 탭-'가로 글상자'를 삽입하고 숫자를 입력해서 완성해요.
- 숫자의 글자 크기(15pt)를 변경해요.

### 02 학습 게임으로 타자 실력 UP

혼자하는 타자 게임 또는 친구들과 대전 게임으로 승부를 겨루어 보아요.

# CHAPTER 24 - 내 맘대로 해결사 되기!

지난 세 개의 차시에서 배운 내용으로 스스로 해결해 볼까?

■ 불러올 파일 : 탐정 표창장.hwpx   ■ 완성된 파일 : 탐정 표창장(완성).hwpx

오늘은 지난 세 개의 차시에서 배운 내용으로 하나의 작품을 만들어 볼거에요. 오른쪽 페이지를 참고해서 스스로 해결해 보고 어려운 부분은 손을 들어주세요.

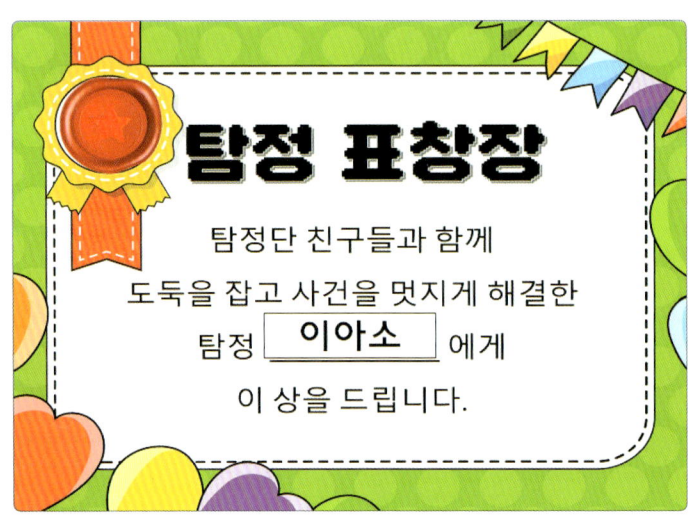

■ **이렇게 만들어 보아요.** (아래 지시사항과 힌트를 보면서 스스로 해결해 보아요.)

- **파일 열기** : [불러올 파일]-[CHAPTER 24]-'탐정 표창장.hwpx' 파일을 선택하고 <열기> 단추를 클릭해요.
- **글상자** : [입력] 탭-'가로 글상자'를 드래그하여 그려 넣고 탐정의 이름을 입력해요.
- **그림** : [입력] 탭-[그림]-[불러올 파일]-[CHAPTER 24]-'도장.jpg' 그림을 삽입해요.
- **사진편집** : '도장'을 선택하고 [그림] 탭-[사집편집( )]을 클릭해요. 이어서, [사진 편집기] 대화상자의 [투명 효과] 탭-[보정 후]의 흰색 배경을 클릭한 후, <적용> 단추를 클릭해요.

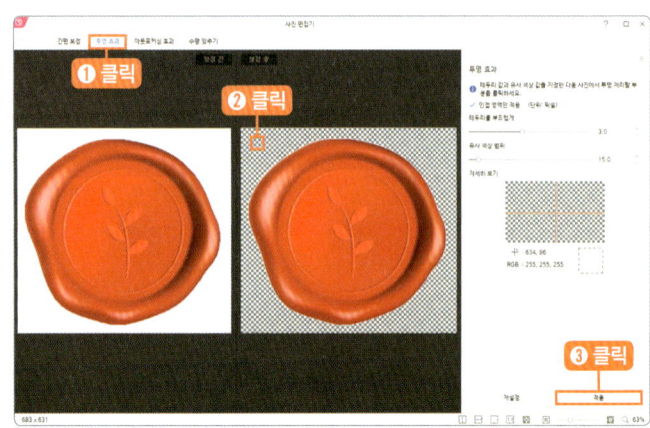

■ 퀴즈를 풀어보면서 그동안 배운 내용을 기억해 보아요!!

**01** 용의자를 추척하기 위해 그림을 넣으려고 해요. 어떤 아이콘을 클릭해야 하나요?

① 🌻   ② 가나다   ③ 🖌️   ④ a→가

**02** 글로벌 탐정이 되기 위해 다른나라 언어로 번역을 하려고 해요. 어떤 아이콘을 클릭해야 하나요?

① ✏️   ② 가나다   ③ 🖌️   ④ a→가

**03** 범인을 추적하기 위해 지문을 만들어 보았어요. 지문의 선 굵기는 어디서 변경하나요?

① 🦋   ② ✏️   ③ 🖌️   ④ a→가

**04** 탐정단을 모집하는 포스터를 제작할 때 큰 제목은 어떤 기능을 이용한 것인가요?

① 🌻   ② 가나다   ③ 🖌️   ④ ✏️

**05** 탐정단을 축하하기 위해 맛잇는 음식 그림들은 어떤 기능으로 넣을수 있었나요?

① 🦋   ② ✏️   ③ 🖌️   ④ a→가

**06** 용의자의 얼굴을 넣은 후, 눈, 코, 입을 제외한 배경을 투명하게 만들 때 어떤 기능을 이용했나요?

① 가나다   ② 🌳   ③ 🖼️   ④ ✂️

**07** 탐정 수칙 만들기를 할 때 글자 앞을 멋지게 꾸밀수 있는 그림 아이콘은 어떤 기능을 이용했나요?

① 가   ② ☰   ③ ☰   ④ 💾

**08** 탐정 수첩 만들기에서 2쪽 글자를 기록할 수 있는 부분은 어떤 기능을 이용해서 만들었나요?

① 가   ② ☰   ③ ▦   ④ 💾

**09** 암호글자를 만들 때 도형안에 색상을 넣었어요. 어떤 기능을 사용했나요?

① ✏️   ② 가나다   ③ 🖌️   ④ a→가

**10** 내가 만든 멋진 작품을 저장하기 위해 사용한 기능은 무엇일까요?

① 가   ② ☰   ③ ☰   ④ 💾

# K마블 소개

### 아카데미소프트와 코딩아지트의 컴교실 타자 프로그램

[K마블이란?]

[K마블 인트로]

▶ 아직도 막 쳐! **'K마블'** 이라고 들어봤니?
▶ 키보드타자 + 마우스 + 문제해결능력은 물론 **블록코딩**과 **학습게임**까지
▶ 타자치는 인공지능 로봇 **키우스봇**과 함께하는 학습게임 타자 프로그램
▶ 모든 연습 내용은 **문해력**에 필요한 단어, 문장으로 구성
▶ 대전게임, 단어 연상 게임, 그래픽 고도화가 **업데이트** 되었습니다. 앞으로도 사용자 환경등 **지속적인 업데이트** 예정입니다.

> K마블이 V 1.1로 업데이트 되었어요!
> 영어 버전도 준비하고 있어요^^

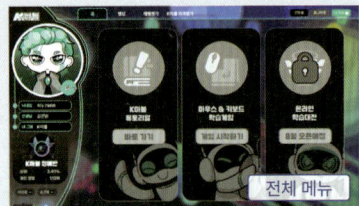
전체 메뉴

K마블 튜토리얼

커스텀 프로필

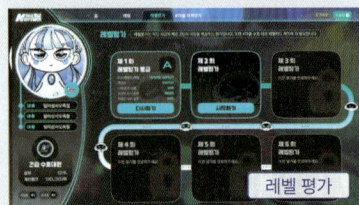
레벨 평가

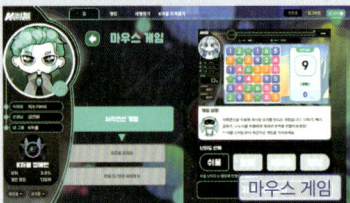
마우스 게임

온라인 대전

▶ **커스텀 프로필**
자신의 캐릭터를 꾸밀 수 있는 기능이 추가되었습니다. 캐릭터의 머리, 얼굴, 옷, 장신구를 변경하여 자신만의 개성있는 캐릭터를 만들어 봅니다.

▶ **레벨평가 시안성**
레벨평가 화면이 이전 화면 보다 보기 좋게 변경되었습니다. 배운 내용을 복습하여 높은 점수에 도전해 봅니다.

▶ **마우스 학습 게임 - 사칙연산 게임**
사칙연산을 이용해 제시된 숫자를 만드는 게임입니다. 난이도에 따라 더하기, 빼기, 곱하기, 나누기를 이용하여 제시된 숫자를 만들어 봅니다. 쉬움 난이도부터 게임을 익혀 봅니다.

▶ **온라인 대전 게임 - 영토 사수 작전**
친구들과 일대일 온라인 대전 게임으로 오타 없이 빨리 타자를 입력하여 영토를 지배하는 게임입니다. 비슷한 타수의 친구와 대결하면 재미있는 승부를 볼 수 있습니다.

 ※ K마블 영어 버전은 2025년 상반기에 출시될 예정이에요^^